MW01124176

EL AMOR
NO ES CONTROL
La historia de una ex Miss México

KATTY FUENTES

EL AMOR NO ES CONTROL

La historia de una ex Miss México

Prólogo de Mario César Ramírez

EL AMOR NO ES CONTROL

La historia de una ex Miss México

© 2016 Katty Fuentes

Dallas, Texas, EU

Coordinación editorial: Isabel Serrano
y Stephany Vallarta
Diseño editorial y formación: Daniel Moreno
Fotografía de portada: Gerardo Mandujano. GM Photography

Primera edición: febrero de 2016
ISBN: 978-0-692-64237-5

Todos los derechos reservados. Características
tipográficas aseguradas conforme a la ley.
Prohibida la reproducción total o parcial
sin autorización escrita del autor.

A mis hijos Roger y Natalia

A mis padres

A mis hermanas Ely y Yizell

A Pablo Villarreal

*A todas esas mujeres que atraviesan o han
atravesado por una situación de abuso*

Índice

Presentación

Conocí a Katty Fuentes en un momento de vida muy especial para ella. Se abría ante sus ojos una serie de oportunidades, tanto personales como profesionales, que estoy segura nunca imaginó. Yo era Directora de Nuestra Belleza México cuando ella participó en el concurso y resultó ganadora para representarnos en Miss Universo. Al pensar en Katty, lo primero que viene a mi mente es su hermosa sonrisa, la suavidad de su trato y ese carácter tan ligero que hace quererla de inmediato.

Era una chica atenta, siempre con la mejor disposición para trabajar en su entrenamiento. Yo pensaba que todo estaba bien, que disfrutaba de su nueva vida en México y de las sorpresas que cada día iba descubriendo. Era muy difícil pensar que en ese momento Katty la estuviera pasando mal.

Tristemente debo admitir que el caso de Katty no es el único que he conocido. Los patrones se repiten invariablemente; es independiente la edad de los novios: el controlador lo es siempre, lo mismo a los 15, a los 20, a los 30 o más años. En muchas ocasiones me ha tocado hablar con nuestras reinas de belleza para tratar de hacerles ver que una buena pareja es aquella que se alegra con tus triunfos y con tus logros, aquella que no tiene miedo a crecer contigo, es quien se siente orgulloso de tener una pareja exitosa. Cuando no es así, esa persona que dice que te ama por sobre todas las cosas, se convierte en tu detractor más grande. Hará todo lo posible por retenerte a su lado a través de los chantajes, de llenarte de miedos, desconfianza, de atacar tu autoestima y tu seguridad. Para mí, lo único que eso demuestra es que quien está lleno de miedos es él mismo; miedo por no tener la capacidad de crecer igual que tú, de superar retos como tú has demostrado ser capaz de hacerlo. En ese momento, todos los esfuerzos que llevamos a cabo para reforzar la autoestima y confianza de las jóvenes se vienen abajo porque entran en conflicto sus aspiraciones profesionales con sus aspiraciones "emocionales".

En este libro, Katty Fuentes, además de relatar experiencias propias y de otras mujeres, explica los tipos de abuso que existen, la progresión de la violencia, el círculo vicioso que se genera, las secuelas, las medidas de protección y los pasos que se pueden seguir para alcanzar la liberación. ❣

Lupita Jones, Directora de Nuestra Belleza México

Prólogo

En la vida no basta con ser una mujer inteligente ni hermosa para garantizar la felicidad; ni siquiera quien una vez fue la mujer más hermosa de México ha tenido garantizada la felicidad en su vida, sino que ha tenido que luchar muy duro para conseguirla. Porque, tanto ella como todos, constantemente enfrentamos situaciones difíciles y complicadas. Algunas más que otras; algunas parecen imposibles de superar. Y es entonces cuando tenemos que hacer acopio de fuerza, de determinación y, sobre todo, de valor.

Katty Fuentes enfrentó con valor una de la situaciones más complicadas de su vida; una realidad que enfrentan muchas mujeres de cualquier edad, nacionalidad o condición socioeconómica. Un problema del que nadie quiere hablar: el abuso. A pesar de que en todo el mundo las mujeres son el principal blanco de las agresiones de hombres controladores y la mayoría de las mujeres agredidas sufren abuso a manos de su compañero, por lo general, la sociedad deja solas a las víctimas, voltea la mirada hacia otro lado porque son "problemas de pareja" y sólo se reacciona hasta que las consecuencias son muy graves. Y entonces sí, surge la indignación... Y aun entonces hay pocas personas que se levantan y alzan la voz. Katty es una de ellas.

Katty fue capaz de escapar de un abismo que parecía sin fin, de tomar las riendas de su vida y de salir adelante.

Ser capaz de liberarse de una vida de abuso y control requiere valor, fuerza e inteligencia, y no es fácil hacerlo sin reconocer que el problema existe, sin conocer sus matices y sin recibir orientación. Para ayudar a otras mujeres en su misma situación, a lo largo de este libro, Katty tiene la valentía de hablar abiertamente sobre el tema. No sólo narra su propia experiencia y la de una de sus mejores amigas, sino que también explica los tipos de abuso que existen, la progresión de la violencia en una relación de control, el círculo vicioso que se genera, las secuelas y los pasos a seguir para ser capaz de liberarse. A través de textos y cuestionarios, el libro ayuda a otras mujeres a comprender la situación por la que atraviesan: a comprender que el primer golpe, el primer insulto, el primer acto de control son el inicio del abuso; a comprender que no se debe disculpar o a justificar a la pareja; a comprender que las convenciones sociales de "quedarse soltera" o ser divorciada no importan si ello implica estar con un hombre abusador; a comprender que el amor propio y la autoestima son importantes para poder salir del círculo vicioso de la violencia doméstica; a comprender que mantener unida a la familia cuando se tienen hijos no es justificación para tolerar el abuso; a comprender que ese abuso probablemente recaerá sobre los hijos y les dejará secuelas; a comprender como válido el instinto de supervivencia y la protección de los hijos; a comprender que si el noviazgo pinta mal, el matrimonio será peor; a comprender que un hombre controlador no cambia "por amor".

A través de su experiencia, Katty nos hace comprender que no hay amor real que se manifieste en forma de abuso y control. ❣

Mario César Ramírez, autor de *Paisanología empresarial*

Introducción

Katty Fuentes

Lo que todavía nos falta aprender a las mujeres es que nadie te da poder.
Simplemente lo tienes que tomar tú.

Roseanne Barr

Hay situaciones en la vida que nos cambian la forma de percibir la realidad y a nosotros mismos... Ése fue el caso que viví por muchos años... Fue el fruto de una relación controladora y abusiva.

Me casé a los 22 años con un hombre que, como novio, había sido controlador y, una vez casada, las cosas empeoraron hasta más allá de cualquier límite. Y yo lo permití. Como muchas otras mujeres, permití que un hombre me controlara e hiciera de mi vida un abismo casi sin salida. Ahora que por fin he logrado salir de esa relación, romper el ciclo de abuso emocional que estuve sometida por muchos años y tomar las riendas de mi vida, me he preguntado por qué permanecí atada a un hombre controlador, que destruyó mi autoestima, mi carrera y me alejó de mi familia, de mi trabajo y de mi país. Y poco a poco he ido encontrando las respuestas. Respuestas que espero que puedan ayudar a otras mujeres en mi situación a comprender este problema y a salir adelante.

¿Es amor? ¿Es control?

El amor se basa en el respeto mutuo. Sin embargo, con frecuencia tratamos de creer que el sentimiento que tenemos hacia nuestra pareja, una pareja que nos exige mucho en todos sentidos, es amor, y que cualquier sacrificio que hagamos por esa persona es poco y nada es suficiente. Todo, cualquier cosa, por extrema que sea, lo hacemos "por amor". Dejamos que opine, que intervenga en nuestra vida y que, poco a poco, vaya tomando las riendas del control.

Escribir este libro y adentrarme más en la investigación del tema me ha abierto los ojos asombrosamente. Cuando empecé con este proyecto creía que en mi relación había existido sólo abuso emocional; pero, al investigar más a fondo, pude darme cuenta que lo que viví por más de 17 años fue violencia doméstica en todos los aspectos y en todas las formas. Me da una enorme tristeza saber que, a pesar de los intentos de muchas organizaciones y autoridades de crear conciencia sobre este tema, existe aún mucha ignorancia y, sobre todo, que es un gran tabú. Las víctimas necesitamos quitarnos la vergüenza de hablar del abuso y, así, ayudar a millones de mujeres que viven situaciones similares. Mientras sigamos callando por vergüenza, habrá millones de mujeres que se quedarán sin escuchar que existe esperanza, y que necesitan ese pedacito de fuerza extra para luchar por su propia felicidad y, en ocasiones, por su propia vida.

En busca de aceptación

Uno de mis mayores deseos había sido ser aceptada sin reservas por mi pareja. A los 15 años conocí al hombre que sería mi novio y, más tarde, mi esposo. En ese tiempo la diferencia de edad era muy notoria: él tenía 21 años y yo aún era muy joven. Me sentía orgullosa de estar con él; para empezar, me encantaba la idea de que un impresionante chico de 21 años, muy guapo e inteligente, se hubiera fijado en mí. Además, era estudiante del TEC de Monterrey, a punto de graduarse y, por si fuera poco, tenía auto propio. En pocas palabras, pensé que era muy afortunada y que me había sacado la lotería; por lo menos a esa edad así lo creí.

Para sentirme aceptada por él, empecé a tolerar una conducta que no me gustaba. Enfrenté muchísimas peleas y discusiones, y muchas veces cedí a sus exigencias y caprichos, por muy absurdos que pudieran ser. Y con el tiempo, se volvieron aún más irracionales y más extremos. ¿Por qué acepté la conducta de mi pareja, a pesar de que sentía que algo no estaba bien? Porque, por encima de todo, quería ser aceptada.

Concurso estatal

Después de cinco años de relación con mi novio, cuando yo acababa de cumplir 20 años, recibí una invitación por parte de la coordinadora del concurso estatal Nuestra Belleza Nuevo León para participar en él. Me sorprendió ante todo. Participar en un concurso de belleza era algo en lo que nunca había pensado y que nunca había estado en mis planes. Yo me sabía bonita, pero nada fuera de lo común; anhelaba otras cosas y perseguía otros sueños. Siempre quise ser atleta y representar a mi país en las Olimpiadas; deseaba escuchar el Himno Nacional mientras recibía la medalla de oro. Nadia Comaneci era mi heroína y una de mis películas favoritas era *Castillos de Hielo*. Además del deporte, también había hecho planes para mi carrera profesional. A los 12 años comencé con mi tratamiento de ortodoncia, y tenía que visitar el consultorio de mi doctor cada mes. Todas las ocasiones que iba a consulta, me convencía de que ser dentista era un trabajo increíble; admiraba a las asistentes que lo ayudaban y terminé enamorándome de la carrera y de su complejidad. A partir de ese momento, tenía muy claro que quería convertirme en dentista, y así lo hice.

Por lo tanto, llegar a ser Miss México: Nuestra Belleza México no era un sueño que hubiera tenido toda la vida. Recuerdo haber visto el concurso de Miss Universo cada año; me ponía frente al televisor y hacía una lista de mis concursantes favoritas. Me encantaba sentir el suspenso de saber quiénes serían las finalistas y quién la gran ganadora; pero nunca pensé poder llegar ahí.

Soy fiel creyente de la idea de que cuando tu corazón anhela algo, aunque olvides ese sueño, la vida pone en tu camino las oportunidades y las puertas que te llevarán hacia él. Así me sentí cuando un día, sin esperarlo, fui invitada a participar en Miss Nuevo León: Nuestra Belleza Nuevo León. Y entonces se abrieron unas puertas antes inimaginables para mí. Gané el concurso estatal, fui Nuestra Belleza Nuevo León, y después el nacional, y como Nuestra Belleza México pude llegar hasta el máximo escenario de la belleza: ¡Miss Universo! ¡Yo, participante en ese concurso! Lo mejor fue que ese anhelo que tenía desde chica de sentirme orgullosa de representar a mi país se realizó.

Sin embargo, a nivel emocional, mi novio me hizo pagar muy caro el cumplir ese anhelo y, con el tiempo, me hizo dejar la carrera en el medio del espectáculo que yo estaba empezando a desarrollar, a partir de haberme convertido en Nuestra Belleza México.

Desde los 19 años yo había comenzado a trabajar como odontóloga, pues a esa edad mi papá ya no nos daba nada de dinero para cubrir nuestros gastos. Y, para poder tener un poco más de recursos, también trabajaba yo como edecán para promociones. En una ocasión, hubo una presentación en un museo de la champaña Moët Chandon y en el evento, la dueña de una agencia de modelos y directora del Consejo Estatal para elegir a Nuestra Belleza Nuevo León, me dijo:

—Estás muy guapa, podrías participar en el concurso, aunque tendrías que bajar de peso. Si te interesa, háblame.

Me sentí confundida con ese comentario, ya que me di cuenta de que por un lado me echaba piropos y que por otro me decía que tenía que bajar de peso. Así que no le di mi teléfono, ni ella me dio el suyo. No la busqué, pero a los tres días ella me habló. Yo tenía la idea de que los concursos que había visto por televisión eran vendidos; así que cuando ella habló para invitarme, le respondí que no me interesaba. "Si no gano, qué pena", pensaba. Pero insistió y me habló como dos o tres veces más. Y, mientras tanto, yo nada más pensaba: "¿Cómo le voy a decir a mi novio que quiero concursar? Me va a matar", pero la señora seguía insistiendo:

—No dejes pasar esta oportunidad. Ven al *casting*. Hay preparación para el concurso. Esto te conviene: van a dar clases de varias cosas, hay entrenamiento personal, nutriólogos, masajes, faciales. Y total, si no ganas, de todos modos te vas a llevar mucho.

Pero yo tenía miedo, un miedo terrible. Más que decirle a mis papás, tenía miedo de decirle a mi novio. Pensaba que sí y luego que no, y dudaba todo el tiempo. Era una oportunidad que llegó de la nada. Dentro de mí tenía muchas ganas de aceptarla; pero sabía que me iba a costar muchísimo explicarle a mi novio lo que quería hacer. Así que, para no tener más problemas de los que ya tenía con él, decidí rechazar la oferta.

Entonces, por esos días, uno de los pacientes de Odontología me dijo:

—Están las convocatorias para Nuestra Belleza Nuevo León, inscríbete. Eres muy guapa...

Yo consideré esto como una señal, porque ya eran dos personas, muy diferentes, que se habían acercado a mí para darme el mismo mensaje. Y así, gracias a esa señal y a la persistencia de aquella señora, me convencí a mí misma y decidí participar.

—Esto es algo que tengo que hacer — me dije.

Al principio, sentía que lo debía hacer por mi propio motivo, que no era ganar, sino conocer gente. Pero luego, ya quise ganar...

Después de pedirle permiso a mis padres y convencerlos a ellos, todavía me faltaba lo más difícil: ¡convencer a mi novio! ¿Cómo le iba a decir lo que quería hacer? ¿En qué palabras se lo iba a poner para que entendiera que no tenía nada que ver con mi amor por él y que era una oportunidad única que yo quería aceptar? Fue una de las decisiones más difíciles que hasta el momento había enfrentado; así que, con un nudo en el estómago y con sudor en las manos, le marqué por teléfono para darle la noticia.

Unos días atrás acabábamos de tener otra de nuestras famosas y escandalosas peleas por alguna razón, que seguro no era importante porque no recuerdo el motivo. Sólo recuerdo que había sido una pelea grande, de ésas en las cuales casi termina todo; pero como las otras mil veces, al final él me convencía y seguíamos adelante. En el momento en que le hablé sobre el concurso de belleza, estábamos dentro de lo que ahora sé que se llama *ciclo del abuso emocional*, en el etapa conocida como "luna de miel", que llega después de que el abusador te ofende, te denigra y hasta te grita. No tanto arrepentidos por lo que dijeron o por su comportamiento, sino más bien con miedo de "ahora sí" van a perder a su pareja y quedar como los malos de la película. En esta etapa de "luna de miel" el abusador te trata muy bien, te tiene paciencia, te consiente y se comporta como la pareja perfecta. Así que aproveché que era un buen momento para decírselo. En cuanto se lo dije se escuchó un largo silencio del otro lado del teléfono y después, con voz serena, me dijo:

—¿Estás segura de que eso quieres hacer?

A lo cual respondí con un rotundo:

—¡Sí!

—Y... ¿Qué va a pasar con nosotros?

Le prometí con el alma que no tenía por qué ser algo malo para nosotros y que me iba a dedicar 100 por ciento al concurso. Para mi sorpresa me respondió:

—Si eso es lo que quieres hacer, ¿qué más puedo decir?

Así que, feliz de que lo había convencido, me embarqué en el mundo de los concursos de belleza. En esa época cursaba el 6° semestre de mi carrera de dentista en la UANL; pero como era verano, tenía tiempo para "distraerme" con Nuestra Belleza Nuevo León. Entrené muy fuerte, me discipliné mucho durante los dos meses que duró la preparación y, gracias a mi esfuerzo, a mi preparación y a mi dedicación, salí ganadora del certamen. Comenzaba entonces una nueva vida para mí y ahora tenía que prepararme para ir al concurso nacional de Nuestra Belleza México y aspirar a la corona nacional que llevaría a la ganadora a representar a nuestro país en el ¡¡¡concurso Miss Universo!!!

Todo parecía como una fantasía. Conocí una vida que me llenó de satisfacción, con entrenador personal, diseñador, nutricionista, tratamientos de *spa* y entrevistas en radio y TV. Algo que jamás había vivido por falta de recursos, y que me daba cuenta de que era una vida que me gustaba mucho y ¡quería seguir viviéndola!

Para entonces mi novio y yo ya nos habíamos comprometido, pero en este punto él ya no estaba para nada contento con la situación. No perdía oportunidad para decirme que iba a ser casi imposible ganar en México, que por qué no me dejaba de esas "pendejadas" y regresaba a mi carrera de dentista como estaba planeado. Pero a pesar de su pesimismo, yo seguí adelante. Tenía un objetivo claro y no iba a permitir que, a esas alturas del partido, nadie robara mi sueño.

Para cumplir ese sueño, afortunadamente tenía un entrenador personal que fue mi mayor motor y fue quien me ayudó a restablecer un poco la inseguridad y la baja autoestima que mi novio había provocado en mí. A pesar de que todos me decían continuamente que yo era una muchacha atractiva y muy guapa, al oír siempre a mi novio diciéndome cosas desagradables, mi autoestima siempre andaba por los suelos. Por eso, me costaba trabajo pensar que alguien como yo pudiera ser ganadora de un concurso tan importante y fue él, mi entrenador, quien me empezó a enseñar ejercicios mentales. Mientras subíamos el Cerro de Chipinque o hacíamos ejercicio en el gimnasio, me decía:

—Imagínate a ti misma, caminando frente a todo el mundo, luciendo radiante, con una gran sonrisa. Voltea a ver a los jueces y sonríe, sabiendo que ya eres, desde ese momento, ¡la ganadora!

Fue así como conocí la visualización y el poder tan grande que tuvo en mí. La practicaba todos los días rigurosamente y trataba de sacarme de la cabeza todas esas palabras de desaliento que se nos quedan tatuadas en la mente y que no nos dejan superarnos, por la inseguridad que nos han provocado otros, por miedo. Ha sido uno de los aprendizajes más valiosos en mi vida y aún ahora trato de practicar la visualización en cada etapa de mi vida.

Concurso nacional

Después de mucha preparación, llegó momento de irme al Distrito Federal, en donde las 32 participantes tendríamos dos semanas de preparación, prueba de vestuario, entrevistas y presentaciones antes de irnos a donde sería la sede de Nuestra Belleza México 1997, en Acapulco, Guerrero.

Y como estaba planeado, emprendí mi excitante viaje al Distrito Federal, en donde una de las coordinadoras del concurso ya me estaba esperando en el aeropuerto, junto con otras participantes que llegaban a la misma hora.

Fueron dos semanas intensas de ensayos, pruebas de vestuario, fotografías, eventos y ruedas de prensa. Todas o casi todas las chicas que fuimos afortunadas de llegar hasta ahí estábamos emocionadas, ilusionadas y sobre todo maravilladas de conocer un mundo que a través de la tele se ve tan distante. Nosotras lo estábamos viviendo en carne propia y estábamos muy emocionadas. Estando en el Distrito Federal, recibí la noticia que mi familia por un lado y mi prometido y sus amigos por otro lado, estarían apoyándome en la final que se llevaría a cabo en Acapulco, cosa que me llenó de felicidad y me dio aún más fuerza para seguir luchando y para hacerlos sentirse ¡orgullosos de mí!

Después de dos intensas semanas, las 32 chicas y yo nos fuimos a nuestro destino final, Acapulco, Guerrero, ¡faltando sólo cinco días para la gran final! En seguida de las entrevistas con los jurados y de hacer varias presentaciones, me perfilé como una de las chicas favoritas para ganar el concurso. Los rumores eran fuertes y me sentía emocionada de sólo pensar que pudiera llegar a ser la próxima Nuestra Belleza México. Faltando ya sólo dos días para el concurso, por fin llegó mi familia: mi papá, mi mamá y mis dos hermanas, con todo su amor y su buena energía a apoyarme. Todos iban felices de estar ahí y de poder brindarme apoyo incondicional, independientemente del resultado final. En cambio, desde que llegó, mi prometido no hizo más que desalentarme.

Al día siguiente, a pesar de su pesimismo y de todas sus palabras que se quedaron grabadas en mi cabeza y me provocaron inseguridad, traté de hacer mis ejercicios de visualización y meditación para balancear la situación. Estaba muy nerviosa, pero a la vez tranquila; una combinación poco común. En ese momento me encomendé a Dios, diciéndole que pasara lo que tuviera que pasar, que si ganar la corona era mi destino, que por favor me ayudara a desenvolverme lo mejor posible y que yo dejaba en Él mi futuro.

Finalmente, el concurso comenzó con muchísima gente apoyándome entre la audiencia. Para mi sorpresa, el director de la Facultad de Odontología había proporcionado transportación a muchos de mis compañeros de Odontología, que llegaron a Acapulco desde Monterrey, en un camión de pasajeros que llenaron por completo. Saber que estaban ahí tantos y tantos compañeros fue la sorpresa más linda que he recibido jamás. Verlos a ellos y a mi familia mezclados entre el público, aplaudiendo y gritando a todo pulmón "Nuevo León", era una imagen asombrosa para mí, que aún me da escalofríos.

Me contó alguien de mi familia, que se había sentado cerca de mi novio, que él estaba rezando y diciendo en voz baja:

—Que no gane, que no gane...

Con todo y sus malos deseos, no sé ni cómo, ¡pero gané! Un orgullo inmenso invadió mi pecho y no podía creer que me había convertido en Nuestra Belleza México y que iría al Concurso de Miss Universo, representando a mi hermoso país.

Al día siguiente tendría que tomar un avión para viajar directamente a donde sería mi nueva residencia por un año: a la Ciudad de México. Pero antes me dejaron ir a celebrar y festejar con mis amigos y familia... Para mi sorpresa, mi novio estaba esperándome en el hotel, con un ramo de flores, felicitándome y aparentando que sus palabras de desaliento nunca habían sido pronunciadas. Así que salimos a festejar y no se volvió a mencionar el tema, al menos por ese momento.

Rumbo a Miss Universo

Al día siguiente, partí a la Ciudad de México para comenzar mi preparación rumbo a Miss Universo. Ésa sería mi ciudad en los próximos nueve meses. Emocionada y a la vez ansiosa por vivir esa nueva etapa de mi vida, llegué al hermoso departamento al sur de la ciudad que me habían asignado. Era un departamento de tres recámaras, sala, comedor y cocina. Todo se veía muy iluminado con luz natural, paredes blancas y piso de madera clara, brillante. El lugar tenía un olor muy peculiar, como a flores recién cortadas. Sentí que sería un buen lugar para mí. Por fin tenía una recámara para mí sola, con unas ventanas muy grandes con vista hacia el Desierto de los Leones, un área muy linda de la Ciudad de México. Estaba feliz.

Tenía unos días muy ocupados y muy largos, muy distinto a lo que yo imaginaba que sería mi papel de Nuestra Belleza

México. Debía asistir a muchos eventos como representante de Nuestra Belleza México. Tenía ocupado todo el tiempo con clases de lunes a viernes, desde inglés hasta oratoria, expresión corporal, expresión verbal, pasarela, dicción, actuación, historia de México, maquillaje, peinado y muchas otras más, y me daban clase los mejores maestros de México. De lunes a viernes, casi no tenía un minuto libre, pero los fines de semana era una historia completamente distinta, porque me sentía muy sola. No había tenido oportunidad de conocer amigos ya que las clases eran privadas y no tenía ningún compañero. Así que los fines de semana paseaba sola por la ciudad; iba al cine y a comer en completa soledad. En ese sentido, fue una temporada difícil. Mi novio me visitaba cada dos meses y cuando él estaba conmigo, me hacía compañía; pero cuando se iba, yo regresaba a mi rutina de siempre y me volvía a sentir sola.

Fue ahí cuando por primera vez en mi vida experimenté en carne propia una depresión. No fue una depresión grave, pero sí moderada; a los pocos meses ya había perdido la motivación y la emoción de los concursos. Ahora todo se había convertido en un trabajo con el cual tenía que cumplir, lejos de mis amigos, de mi novio y de mi familia. Me costaba el doble de esfuerzo cumplir con mis tareas. Comencé a comer por pura depresión y, obviamente, a subir de peso, cosa que me causaba aún más estrés y que no tenía nada contenta a Lupita Jones. La relación estresante con mi novio continuaba sin cambio y eso me hacía todavía más daño.

En Hawái

Por fin llegó el momento tan esperado de ir rumbo al Concurso de Miss Universo, que en el año 1998 se llevaría a cabo en Hawái.

Para mi sorpresa, Lupita Jones me mandó llamar a su oficina para decirme que, mientras estuviera en Hawái, que por favor no tuviera contacto alguno con mi novio. Eran tan obvias nuestras peleas y los disgustos con mi novio por los concursos que hasta ella los había notado. Acepté el consejo y limité el contacto por completo con él, mientras me esforzaba en asimilar lo que pasaba a mi alrededor, tratando así de concentrar mi energía en el concurso y no en peleas, gritos y expresiones de burla y desprecio.

Estuve en Hawái por dos semanas, una experiencia única e irrepetible. Ojalá hubiera podido disfrutarlo más y saborear más cada minuto. En línea yo era una de las participantes favoritas, pero desafortunadamente no gané la corona para mi país. Lo bueno fue que sí me traje dos premios muy importantes que se otorgan cada año: *Personal Style Award*, premio al estilo personal otorgado por Clairol, y Segundo Lugar en traje típico.

El no haber llegado a ser finalista —que en ese entonces sólo pasaban 10— fue un golpe muy duro, no sólo por mí, sino para todo el excelente equipo de trabajo que había detrás de mí. Me dolió especialmente no haber pasado a las finalistas porque sentí que decepcionaba a todo el equipo y, sobre todo, a mi país.

Me costó mucho tiempo superar esa decepción, pero la vida sigue adelante y había que continuar con mis planes.

Cuando regresé a México, el director del Centro de Educación Artística (CEA) me mandó llamar a su oficina pues quería hablar conmigo. La verdad no sabía de qué se trataría esa entrevista, pero al día siguiente me presenté con mucho entusiasmo. Me recibió con gran amabilidad y estuvimos platicando un buen rato sobre mis experiencias, tanto de Nuestra Belleza México como de mi vida en general.

Para mi sorpresa me ofreció quedarme a estudiar en el CEA, con beca para mis estudios y con una pequeña beca para vivienda. Me estaba abriendo las puertas de una nueva vida para mí, en donde, además de una preparación integral, me daba las armas para un futuro con el que muchas personas sueñan tener.

En ese momento, me quedé muy sorprendida por tan increíble oferta y, sin pensarlo dos veces, acepté en ese instante.

Cuando salí de su oficina me fui rumbo a mi casa, literalmente soñando despierta, pensando en todas las cosas que podrían pasar con mi vida. Iba ilusionada y ¡feliz! Una vez más tenía en mis manos una oportunidad que quería tomar y no dejarla ir jamás. Pero de pronto, recordé todas las críticas y burlas que mi novio hacía con respecto a los artistas de TV y me di cuenta de que tenía que platicarle sobre esa magnífica noticia. Sabía que no iba a ser de su agrado y que muy probablemente terminaríamos la relación, porque él no iba a permitir que yo me involucrara en un medio artístico y, mucho menos, que siguiera viviendo en la Ciudad de México.

El miedo, la inseguridad y las dudas se volvieron a apoderar de mí. Por mi mente pasaban imágenes del mundo artístico y, por más que me agradaran, pensaba que para mí sería muy difícil poder llegar a ser una buena actriz. Mi inseguridad y mis miedos empezaron a invadirme otra vez. Y de nuevo mi cabeza daba vueltas. Escuchaba muy claramente las palabras despectivas de mi novio acerca del medio artístico y un terror inmenso iba cada vez más apoderándose de mí. Y no era tanto un miedo a él, sino más bien era un miedo a decepcionarlo con mi decisión y también a fracasar.

Justo como lo imaginé, cuando le platiqué la oferta que acababa de recibir, me dijo que no lo podía creer, que cómo era posible que lo hubiera engañado al decirle que ya muy pronto regresaría a Monterrey, y que cómo era posible que, a punto de terminar mi carrera de Odontología, estuviera tomando semejante decisión tan estúpida. Él hablaba con una convicción irrefutable y me decía:

—¿Cuántas actrices conoces que tengan un matrimonio, familia y sean felices? Son puras viejas divorciadas, putas, egoístas que sólo les gusta llamar la atención. No puedo creer que estés cambiando la vida estable y feliz que yo te ofrezco por un ambiente totalmente denigrante.

Por mi mente pasaban muchas cosas y, a pesar de que me moría de ganas por explorar esta nueva oferta, tenía miedo, o más bien pánico, de que sus palabras y su percepción fueran reales. Me aterrorizaba la idea de terminar sola, sin hijos ni esposo. Me daba terror embarcarme en una aventura nueva y desconocida, cuando por lo menos lo que tenía en casa era una vida que, aunque no era la mejor, sí era conocida y segura. "Más vale malo por conocido que bueno por conocer", pensaba. Y aunque interiormente me decía: "yo valgo mucho", tras todos esos años a su lado me volví insegura y me convencí de lo que constantemente él me repetía: "Nadie te va a querer como yo". Así que tomé una decisión de la cual he vivido arrepentida toda mi vida: regresar a terminar mis estudios de Odontología y continuar con los planes de matrimonio.

Tuve que ir de nuevo a la oficina del Director del CEA, a sentarme frente a él y darle la noticia. Cuando le comenté los planes que tenía de regresar a Monterrey, para terminar mi carrera y, tal vez, después de haberme recibido, regresar, se me quedó viendo con una cara muy seria y me dijo:

—¿Estás segura de que eso quieres hacer? Ahorita estás joven y en la cima de tu carrera, y aún eres Nuestra Belleza México. Odontología siempre va a estar ahí y tu trabajo como odontóloga también. Pero una oportunidad como ésta no te va a esperar...

Yo insistí en que mi pasión era ser dentista y le prometí que regresaría cuando hubiera terminado mis estudios. Él me dijo:

—Esta puerta siempre estará abierta para ti, pero por favor, piénsalo. Si eso es lo que verdaderamente quieres hacer, pues te deseo mucha suerte.

Después me dio un abrazo muy cálido y fue la última vez que lo vi. Tal vez él no se acuerde de mí o de ese momento que fue determinante en mi vida; pero a mí se me quedó muy grabado. Y cómo no, si ese día le regalé mi sueño a un hombre que se comportaba como muchachito caprichoso, por decirlo de alguna manera...

Después de siete años de un noviazgo complicado y difícil, caí en sus redes sin darme cuenta y me casé con él, a pesar de que sabía que no debía hacerlo; a pesar de que estaba consciente de que yo no iba a ser feliz. Me casé porque me daba miedo pensar en un futuro sin él; por el pánico de estar sola si terminaba el noviazgo. Me casé por temor a la sociedad, al qué dirán si no me casaba con mi novio de toda la vida, a las críticas de echar por la borda todo el tiempo invertido en esa relación. Me casé teniendo la mentalidad del divorcio si las cosas no funcionaban, pero por contradictorio que parezca, se me hacía imposible separarme de él antes de casarme. Me casé con un hombre controlador y mi vida acabó por convertirse en una pesadilla. Por mi esposo dejé mi carrera de Odontología, mi carrera artística, mi país y mi familia.

Sí, además de mi sueño, también le regalé todo eso. A pesar de que terminé mi carrera, al poco tiempo de casados nos fuimos a vivir a Estados Unidos. Para poder trabajar ahí como dentista tenía que regresar a la escuela por tres años y hacer una serie de exámenes que nunca hice por falta de recursos y por indecisión. Por otro lado, mi anhelo de hacer TV estaba completamente fuera de discusión y era un tema que no podía ni tocar con mi esposo sin que recibiera insultos y se convirtiera en una pelea mayor. En general, me sentí frustrada al no poder ejercer ninguna de mis dos pasiones, Odontología y mi carrera artística. Lo más triste fue que esa decisión fue involuntaria. Él la tomó por mí y yo se lo permití, que fue lo más triste.

En medio de todo del dolor, la humillación y la vergüenza que viví durante tantos años de matrimonio, tuve la fortuna de encontrar finalmente fuerzas suficientes para luchar. Al nacer primero mi hijo y dos años más tarde mi hija me di cuenta de que no podía permitir que ellos tuvieran una imagen de su madre como la que yo proyectaba entonces. Mi marido nunca iba a dejar de ser controlador y abusivo. Decidí pedir el divorcio y, tras otros tres años de dudas, de ir y venir, de reconciliaciones, promesas y nuevas ofensas, me separé de él para siempre. Finalmente me di cuenta de que él jamás iba a cambiar. Yo era la única que podía hacerlo...

Ésa ha sido una de las lecciones más duras que he tenido que aprender. Ahora cada sueño, cada deseo, cada esperanza que tengo, la cuido como mi más Preciado Tesoro y no permito que nadie lo toque o lo destruya. Pero aún sigo luchando cada día para recuperar mi seguridad y autoestima, que quedaron tan severamente dañadas. Así como yo atravesé por esa situación que alteró totalmente el rumbo de mi vida, existen muchas historias similares de otras mujeres que han pasado por lo mismo. Mujeres que, como yo, sometieron su vida a un hombre controlador en nombre del amor. Y que, como yo, aprendieron que el amor no es control. 🎗

El abuso: rompiendo el silencio

Cuando por fin pude salir de una relación destructiva en la que viví abuso y maltrato, fui capaz de ver lo que sucedía a mi alrededor. Estreché lazos familiares que por suerte, además de haber sido unos de mis grandes apoyos, nunca se habían perdido del todo, y también pude retomar lazos de amistad que había abandonado. Me había alejado de la mayoría de mis amigas porque a él "no le gustaban" y yo procuraba no hacerlo enojar.

En esa nueva etapa de mi vida que recién empezaba, comencé a relacionarme también con nuevas personas. Una de ellas fue Marcela. No sé por qué, pero desde el primer momento me identifiqué con ella. Al principio, como sucede con las nuevas amistades, las dos íbamos tanteando terreno. Las dos divorciadas, con hijos del primer matrimonio y con una nueva relación, evitábamos hablar de malas experiencias pasadas y, como si nos hubiéramos puesto de acuerdo, nunca hacíamos referencia al primer matrimonio. Nada. Era un tema tabú para ambas. Nos limitábamos a hablar de los niños, de las escuelas a las que iban, del equilibrio que teníamos que hacer entre casa y trabajo y de nuestras actuales parejas.

Cierto día, Marcela y yo estábamos en el Starbucks tomando un café. Ella había recibido un ascenso importante como presentadora de televisión y nos habíamos encontrado a la hora de lunch para que me contara sobre su promoción.

Mientras platicábamos, de pronto Marcela guardó silencio y miró atentamente por encima de mi hombro. Se disculpó y me explicó que regresaba en un momento porque iría a saludar a una amiga. Se puso de pie y, cuando volteé a verla, miré que Marcela se dirigía hacia una mujer que entraba sola al local. La amiga usaba lentes oscuros y agachaba la cabeza, esquivando a la gente. Hablaron por un par de minutos, pero la amiga se veía visiblemente incómoda y, sin haber comprado nada, se dio media vuelta y salió de prisa a la calle. Marcela volvió a la mesa con la cara descompuesta y nos quedamos en silencio, pensativas. Ambas sabíamos cuál era el problema de Nancy, su amiga. El típico caso de abuso y maltrato. El asunto del que nadie quiere hablar.

Yo misma lo había vivido hacía tan sólo unos pocos años antes y era un tema muy espinoso para mí. En ese momento sentí que era ocasión de contarle a Marcela mi propia experiencia. Y ella, después, me contó también su historia.

Aquí está... ❣

Marcela, su historia

Hay situaciones en la vida que nos cambian la forma de percibir la realidad y a nosotros mismos... Ése fue el caso que viví por muchos años... Fue el fruto de un una relación controladora y abusiva. Y nunca imaginé que hubiera tantas historias como la mía. Al principio, no quería que nadie se enterara de lo que yo había sufrido, pero, a medida que ha pasado el tiempo, he podido alejarme del problema y puedo hablarlo un poco más. Con muchos trabajos, me he dado cuenta de que, al compartir ese problema, ayudo a otras mujeres a salir de lo que en un principio fue para mí un terrible abismo.

Crecí en una familia humilde, pero muy honesta. Nunca tuvimos lujos ni vacaciones caras, pero nada nos faltó ni a mí ni a mis dos hermanas y ni a mi hermano, el menor.

Vivíamos en una casa muy pequeña, en una zona agradable, aunque modesta, de la ciudad de Saltillo, en donde residíamos personas de posición económica media-baja. Mis hermanas y yo compartíamos una habitación y mi hermano tenía un pequeño cuarto para él, por ser el único hombre. Sólo había un baño para toda la familia, pero con el tiempo, mi padre logró que esto fuera cambiando, al hacerle poco a poco algunas mejoras a la casa.

Crecí al lado de mis mejores amigos: mis hermanos. Aunque había tres años de diferencia entre cada uno de nosotros, la relación siempre fue muy buena. Mi hermana mayor tenía un carácter enérgico, pero, a la vez, nos cuidaba y defendía de quien fuera. Nos daba consejos y nos regañaba, así nos ayudaba a ser mejores personas y, aunque no estuviera de acuerdo en muchas cosas, finalmente terminaba por aliarse con nosotros en nuestras aventuras. Desde que tengo memoria, ella siempre tenía grandes sueños y ambiciones; ha sido la líder de los hermanos y un constante ejemplo para nosotros.

En cuanto a mi otra hermana, menor que yo, desde chiquita demostró tener un carácter fuerte y dominante. Con un espíritu libre y ocurrente, hacía lo que quería y rara vez seguía órdenes: ella era la felicidad de la casa. Rebelde desde chica, con muchos problemas en la escuela por ser inquieta, platicadora y contestona, simplemente no podía quedarse quieta. Desde muy joven fue muy creativa y, definitivamente, su personalidad artística se expresaba con libertad y alegría. Mi único hermano, el más pequeño de la familia, siempre fue nuestro protegido y el consentido de la casa. Cuando él nació, lo considerábamos como nuestro muñeco. Mis papás también lo consentían mucho y le permitían hacer todo lo que quería. Por ser el más pequeño. Y, también, por ser varón.

Mi mamá era, y sigue siendo, una mujer de una belleza natural impactante. Es una persona sumamente emprendedora y tiene un carácter alegre, jovial, optimista y espontáneo, que la hace brillar con una luz excepcional. Además, su alma bondadosa por naturaleza ayudaba a quien lo necesitara, sin que jamás esperara nada a cambio. Bella por fuera y por dentro, siempre positiva y aventurera, desde que tengo memoria nos inyectaba día con día ese mismo amor hacia la vida. Con una forma única de ver la vida, se convertía con facilidad en amiga de mis amigas y consejera de quien se acercara a ella. De ella he aprendido muchas cosas y no porque nos haya aleccionado, sino porque su ejemplo ha sido la mejor lección que hayamos podido tener.

Mi padre es un hombre físicamente muy atractivo. Más bien, muy guapo. Con temperamento de acero y con una inteligencia superior a la de muchos, ha vivido siempre apoyando a sus hijos. Quería que nos superáramos y nos ha orientado para que fuéramos alguien en la vida. Ha sido estricto con nosotras; pero, por el contrario, siempre ha estado fascinado por las travesuras de mi hermano menor, a quien nunca le ha negado nada. Ecuánime, trabajador y honesto en todo lo que hace, mi padre ha tenido que superar muchos obstáculos desde niño y ha aprendido a manejar los fantasmas del pasado, que por muchos años lo han atormentado.

Ambos, mi padre y mi madre, crecieron en la pobreza, pero en situaciones familiares totalmente opuestas. Mi padre creció con mi abuela y ocho hermanos, bajo la sombra de un progenitor violento. En otras palabras, mi abuelo abusaba físicamente de mi abuela: cuenta mi papá que en varias ocasiones tuvo que defender a su madre de las agresiones de su padre. En una ocasión, cuando tenía tan sólo 13 años, cuchillo en mano, la defendió de mi abuelo.

—Si le vuelves a poner una mano encima a mi mamá, con este mismo cuchillo la defenderé —lo amenazó aquella vez.

Ésa fue la última ocasión que la golpeó y poco después, un buen día, mi abuelo se fue para siempre y abandonó a su familia a su suerte. Desde entonces, mi abuela prácticamente tuvo que criar sola a sus hijos, aunque con la ayuda de una de sus hermanas, una tía a la que todos quisieron mucho. A partir de entonces, mi papá vio a su padre tan sólo en muy contadas ocasiones y tuvo que trabajar desde muy corta edad para salir adelante y ayudar a su mamá.

En cambio, desde muy pequeña, mi madre se vio huérfana de padre y madre y fueron sus propios hermanos quienes se hicieron cargo de ella. En esa casa había mucha pobreza, pero también mucho optimismo. A pesar de su juventud, ya que la mayor de las hermanas tenía únicamente 14 años cuando quedaron huérfanos, los hermanos mayores pudieron salir adelante con trabajos que eran pesados para su corta edad. Aunque con gran esfuerzo, nunca les faltó lo esencial y, por lo que cuentan, a pesar de haber crecido sin padres en esas circunstancias tan difíciles, vivieron una infancia feliz, muy libre y con un espíritu lleno de energía positiva.

El haber tenido infancias opuestas hacía que mis padres fueran personas diferentes entre sí. De mi papá tengo dos imágenes distintas y tengo hacia él sentimientos encontrados, pues por un lado, lo admiro porque es un hombre inteligente y, a través de los años, ha tenido una transformación muy positiva. Pero eso no siempre fue así. Probablemente todo se debía al alcohol o a patrones de conducta que ya traía desde chico, pero mi padre de pronto se transformaba en otra persona y se volvía grosero, exigente, machista; alguien a quien no se le podía llevar la contra porque se enojaba, sobre todo con mi mamá. En general, con sus hijos era cariñoso, amoroso y nos respetaba como hijos; pero a mi mamá, no. La conducta terrible que entonces tenía con ella hacía que yo guardara resentimiento hacia él y hacía sentirme confundida.

Algunas noches en mi casa era posible escuchar a mis padres cantando, platicando, riendo y tomando una copa en total armonía. Pero, desafortunadamente, también había noches en las cuales se escuchaban discusiones, agresiones verbales e insultos de mi padre hacia ella. Nunca se sabía cuál sería la situación al terminar el día.

Es difícil crecer en una familia donde el papá no respeta a la mamá. Mi papá tenía muy controlada a mi mamá. Ella quería trabajar, pero él no se lo permitía. A veces, ella vendía productos de cocina de *Tupperwear*, pero ni eso aceptaba y la obligaba a dejar sus ventas. Si él decía que se hiciera A y B de determinada manera, así se tenían que cumplir esos puntos: como él quería. Si no, surgían los pleitos y mi papá le decía muchas cosas ofensivas a mi mamá, frases que, aun como hija, dolía mucho escucharlas. La acusaba de infiel e irresponsable, a pesar de que siempre fue una excelente esposa y madre. Desde ese entonces, y sin saber que más tarde yo me vería en esa misma situación, me decía a mí misma que nunca, jamás, iba a permitir que alguien me faltara al respeto de la misma manera que mi padre lo hacía con mi mamá; que jamás dejaría que alguien me ofendiera o me hiciera sentir menos.

Recuerdo haber estado varias noches en mi cama, escuchando toda la conversación, de la cual no te puedes escapar cuando vives en una casa tan pequeña y de paredes delgadas, cuando de repente, sin que yo entendiera por qué, la discusión empezaba a subir de tono y se descontrolaba. No podía concebir cómo era que mi madre aún seguía batallando con esa situación. Después, al día siguiente, como por arte de magia, él se convertía en el hombre más dulce y amoroso con ella, buscándola y diciéndole cosas bonitas, mientras ella, por supuesto indignada por todas las ofensas, ni siquiera volteaba a verlo. Pero siempre, después de los pleitos, él ya no sabía ni cómo contentar a mi mamá, y cuando veía que estaba muy enojada hasta nos pedía ayuda para conseguir que lo perdonara. No me explico cómo, pero increíblemente él lograba que mis hermanos y yo imploráramos a mi mamá que ya se olvidara de todo y no lo hiciera sufrir más. Hacían las paces.

Y, en efecto, era muy claro el ciclo vicioso que se vivía en esa casa, pero a pesar de que odiáramos la situación, con los años mis hermanos y yo nos acostumbramos a eso, y entendimos que no podíamos hacer nada al respecto. Ya entrando a la adolescencia, cuando veíamos que los problemas iban a empezar, sólo buscábamos excusas para huir, para salir de casa con los amigos y no tener que escuchar una vez más las peleas absurdas y los insultos tan denigrantes. Me daba pena por mi madre que no encontraba escapatoria y que "tenía" que escuchar una vez más las mismas discusiones y los mismos insultos. Ella finalmente se cansó de pelear y ya sólo decía que ni atención le ponía a mi padre y que ya ni siquiera le dolían sus palabras.

Desde esa época, empecé a conocer lo que después supe que es el "círculo vicioso" en una relación. No sabía entonces cómo se llamaba esa cadena de ofensas-violencia-perdón-reconciliación y vuelta a empezar. Pero años después yo misma sufriría los terribles efectos del círculo vicioso del abuso.

A pesar de los problemas entre mis padres, yo fui capaz de enfocarme en mis estudios y, contagiada del optimismo de mi mamá, procuré ser feliz y disfrutar la vida. A los 12 años, después de graduarme de primaria y a punto de comenzar secundaria, le pedí a mi papá, casi le supliqué pues él no quería, que me inscribiera en un colegio privado. Tuve que buscar a mi madre como aliada; las dos habíamos pensado que, tanto académica como socialmente, iba a estar mucho mejor con amigos de un nivel social "más alto". Nos costó convencerlo, ya que eso implicaba un sacrificio económico, pero finalmente lo logramos, y comencé mis estudios secundarios en uno de los mejores institutos de Saltillo. Viví unos años muy felices ahí, con muchos amigos y amigas y con una vida muy sana. Aprovechaba cada oportunidad que tenía para ser parte de algún equipo deportivo y eso me encantaba. Puedo decir con certeza que ésa fue la mejor decisión que pudimos haber tomado. Mi vida estaba empezando a cambiar y me sentía orgullosa de mi nueva escuela.

Con muchos amigos a mi alrededor, con una alegría de vivir y una despreocupación del mundo casi total, vivía feliz con mi familia a pesar de las circunstancias. Hasta ese entonces, había sido una niña muy tranquila, jamás tenía problemas con nadie, ni con mis propios hermanos, y era casi imposible que alguien me hiciera enojar. Siempre respetando las decisiones y acciones de los demás, no tenía motivo alguno por el cual, con todo y todo, no ser feliz. ❣

Control en el noviazgo

Estaba yo en la preparatoria, cuando conocí a una chica que acababa de llegar de Guadalajara y nos hicimos muy amigas. A menudo, después de la escuela, me iba a su casa a pasar la tarde, a hacer tareas y a veces nos íbamos juntas al gimnasio. Un día, llegaron a su casa unos vecinos a saludarla y nos quedamos afuera, al lado del auto de uno de ellos, un convertible negro del año, escuchando música y platicando. Uno de ellos, precisamente el dueño del auto, era un joven muy atractivo unos años mayor que yo, pelo castaño, ceja tupida, ojos verde oscuro, como aceitunados; alto y fornido. Me flechó casi instantáneamente. Simplemente estaba yo fascinada. A partir de ese momento, cada vez que iba a casa de mi amiga tenía la esperanza de volvérmelo a encontrar.

Recuerda:
Un novio controlador puede convertirse en un marido abusador.

Poco tiempo después de haberlo visto por primera vez, me invitaron a una fiesta y ahí estaba él, vestido todo de gris Oxford, con un estilo muy diferente de los muchachos de su edad. Comenzamos a platicar y fue en esos momentos cuando empezó una nueva etapa en mi vida. Nos hicimos novios.

Yo estaba feliz y más de que él insistiera en hablarme por teléfono todo el tiempo. En ese entonces, creí que era porque estaba interesadísimo en mí, que quería estar al pendiente y que seguramente me llamaba tan seguido porque me extrañaba. Me sentía orgullosa de que se hubiera fijado en mí, de que fuera tan atento y de que insistiera siempre en ir por mí a la escuela y a cualquier parte. "Te quiero tanto que sólo deseo estar a tu lado", me repetía todo el tiempo. "No voy a dejar que nadie se te acerque, porque estoy seguro de que nadie te podrá amar como yo." Y así, prácticamente desde el principio, empecé a vivir pendiente de sus llamadas y pendiente de estar todo el tiempo posible a su lado. No quería decepcionarlo. No quería que dejara de amarme.

Primeros indicios de un hombre controlador: aparente normalidad

Durante el noviazgo, él hacía todo lo posible por pasar cada minuto del día conmigo, nos veíamos diario y paseábamos todos los fines de semana... Eso, sin duda, era una señal de lo enamorado que estaba de mí. Me encantaba que quisiera estar conmigo a toda hora y en todo lugar, porque sentía que estaba enamoradísimo de mí y yo de él. El primer mes de noviazgo fue como estar en las nubes y nos llevábamos de maravilla, a pesar de la diferencia de edades que en ese tiempo era muy notoria. Yo apenas iba a cumplir 18 y él tenía 24 años.

A mí, todo me parecía muy normal con él. Era como el noviazgo que pudiera haber tenido cualquiera de mis amigas; es más, era aún mejor. Sin duda, a mí me querían más que a cualquiera de mis amigas... Y, por supuesto, yo estaba feliz de que él me quisiera tanto. Y pensaba que con él sería feliz por siempre. Sin embargo, ese "felices por siempre" duró 30 días. Y así, la aparente normalidad y esa sensación de flotar feliz en las nubes duró muy poco. Justo al mes de noviazgo, comencé a notar que su actitud se estaba volviendo muy posesiva. Empecé a sentir que sus constantes llamadas a toda hora no demostraban el amor y la amabilidad que yo deseaba, sino más bien sonaban como exigencias para saber en dónde y qué estaba haciendo yo cada minuto del día; su presencia constante me empezó a parecer una ligera intromisión a mi espacio personal; su posesividad hacia mí dejó de parecerme encantadora y romántica; y comenzó a alejarme imperceptiblemente del resto de las personas que siempre habían sido parte de mi vida.

Levemente, empecé a sentir, a intuir, a sospechar que algo no iba del todo bien. Pero, tal vez, sólo tal vez, al crecer con el patrón de conducta que había vivido con mis padres, y tal vez a repetir con mi novio situaciones semejantes, acepté sin darme cuenta entonces una relación que desde

Recuerda: *La relación que desde el principio es controladora difícilmente mejorará después.*

el noviazgo tenía características de que no llegaría a ser una relación sana.

Mi noviazgo de ensueño se empezó a convertir entonces, y sin ser yo totalmente consciente de ello, en una relación controladora. Así, y casi desde un principio, mi novio me fue controlando con comentarios muy sutiles, convenciéndome de que sus ideas y gustos eran mejores que los míos, de que su criterio era más acertado que el mío, de que él *podía* y *debía* pensar por los dos. Casi sin darme cuenta, empezó a cambiar y me volvía cada vez más dependiente de sus opiniones y decisiones. Por ejemplo, si yo quería helado de chocolate, él me manipulaba con comentarios muy sutiles para que yo prefiriera la nieve de limón. "Te queda mejor el rojo; no creo que te veas tan bonita vestida de verde. Cuando pase por ti al rato, ponte el vestido rojo que te regalé para que te veas preciosa." Y así, uno y otro y otro detalle que parecían sin importancia. Y poco a poco me fue controlando sin que yo siquiera me enterara.

Y así sucesivamente semana tras semana, mes a mes y año tras año.

Gritos y algunos rasgos de violencia

Tengo perfecto grabado en la memoria que la primera pelea que tuvimos fue en uno de los bares del centro de la ciudad de Saltillo y recuerdo que era cerca de *La Iguana*, una zona donde había muchas discos, restaurantes y bares. Era un sitio en donde acostumbrábamos reunirnos con los chicos de Saltillo cada fin de semana. Esa primera pelea se desató un sábado en la noche. La estábamos pasando muy bien con nuestros amigos en ese lugar, cuando me encontré con un compañero de la escuela, al que naturalmente saludé, como era de esperarse. Y fue el detonante para la explosión... Mi novio me tomó bruscamente del brazo y me jaló para llevarme a una esquina de la disco. Me dijo, o más bien me gritó, que él no iba a estar soportando esa conducta, que yo no lo respetaba y no sé qué tantas otras cosas más. Me arrebató el vaso que llevaba en la mano y lo aventó al piso, haciendo obviamente que yo me asustara. Yo estaba muy descontrolada por esa conducta tan exagerada y perturbada, y no sabía ni qué decir. Era una reacción que jamás había visto en él y no sabía qué esperar ni qué hacer.

Pensé: "Este hombre está loco, ¿qué le pasa? ¿Por qué se comporta así, si yo no he hecho nada?". Después de discutir por un buen rato, le pedí que me llevara a mi casa y así lo hizo. Portazo al subir al auto. Y, durante todo el camino, frenaba y aceleraba como queriéndome decir con su forma de manejar lo molesto que estaba conmigo. Me volteaba a ver como esperando una disculpa de mi parte, que nunca recibió. Y que, por supuesto, lo hizo enojar aún más.

Esa misma noche, decidida a terminar la relación, me bajé del auto, entré a mi casa y él, quemando llanta, se fue furioso de ahí.

Estaba yo muy sorprendida por lo sucedido y, sobre todo, decepcionada de que el hombre "perfecto", después de todo, no era tan "perfecto". Me hice a la idea de que esa relación no iba a funcionar, y me repetía mí misma que no iba a permitir que nadie me hablara o me tratara así. Ya agotada por la discusión me fui a dormir. Al día siguiente, después de una larga noche, me despertó mi mamá diciéndome que me buscaban...

Para mí sorpresa, ¡¡¡era él!!! Con cara de que no había dormido nada, con una expresión de perrito castigado, pobrecito, y unas flores en la mano, clamaba que no había podido dormir en toda la noche, que se moriría sin mí y que, por favor, lo perdonara. Quería que le diera una oportunidad:

—Perdóname, por favor, Marcela. Te juro que lo de anoche no se va a repetir. Te juro que eso ¡JAMÁS volverá a suceder! No sé qué me pasó, me aluciné...

Y yo no sé cómo lo logró, pero me convenció y accedí a darle otra oportunidad. El resto del fin de semana estuve llena de atenciones y elogios... Me llegó un enorme arreglo de flores de la mejor florería de Saltillo. Y sí, lo perdoné. Lo hice sin pensar que ésa sería la primera de innumerables situaciones similares porque, por supuesto, lo de esa noche no sólo se repitió muchas veces, sino que, con el tiempo, se volvió mil veces peor. La oportunidad que le di me arrastró al infierno en los siguientes años.

Círculo vicioso: arrepentimiento, perdón y vuelta a empezar

Ésa fue la primera pelea, pero, desafortunadamente, no fue la última vez que sucederían discusiones y pleitos similares y cada vez peores. La relación con mi novio, al que yo había creído casi perfecto, me estaba empezando a causar mucho dolor y eso que yo no sospechaba aún lo que se vendría después, incluyendo la destrucción paulatina de mi autoestima. Porque no únicamente fueron discusiones o pleitos, sino que no había oportunidad que él desaprovechara para decirme que había muchas mujeres más lindas; que me sintiera afortunada de que alguien como él se hubiera fijado en mí, que nadie en el mundo iba a "tolerar" las cosas que yo le hacía a él, como, por ejemplo, tener amigos y que me llamaran a la casa, saludar gente en la calle, sonreírle a cualquiera, etc., etc., etc. En ese entonces, y a los 18 años, qué más se puede esperar de una chica que era muy sociable y con muchas amistades de su misma edad. Pero él todo eso lo veía como una agresión personal y una transgresión al concepto de lo que una relación de noviazgo debía ser. Lo que yo no sabía entonces era que lo sacaba de quicio no tener el control total y absoluto sobre mí, en todos los aspectos.

Poco a poco me fui alejando de mis amigos y hasta de mis amigas. No me di cuenta de cómo sucedió eso, pero jamás volví a salir con nadie que no fuera él, al punto que los únicos amigos que yo tenía eran los suyos. Incluso a ellos tenía yo que dirigirme con reserva para que él no pensara que estaba "coqueteando" hasta con sus propios amigos. ❣

Explosiones continuas

A pesar de mis esfuerzos por ser la "buena novia" que mi novio esperaba, NUNCA era suficiente para él y SIEMPRE había un pretexto por el cual pelear, incluso hasta por mi forma de pensar teníamos problemas… Pero cada vez que trataba de alejarme de esa relación, de una u otra manera él me volvía a convencer de quedarme. No fui capaz de alejarme entonces, ni tampoco mucho después…

Y lo extraño es que —a pesar del dolor que me causaba estar enredada en el ciclo de las muchas veces que cortábamos y que me convencía para que regresáramos— yo me siguiera sintiendo muy orgullosa de andar con él. Aunque teníamos todos esos problemas, yo era muy afortunada de que me quisiera. Para empezar, un chico mayor se había fijado en mí y, además, era tan guapo, tan bien vestido y sobre todo, algunas veces, me llenaba de atenciones. Lo malo eran las otras veces...

Mi carácter comienza a cambiar

En mi casa, mi temperamento comenzó a cambiar drástica-mente: me molestaba por todo y era sumamente intolerante a cualquier comentario negativo que pudieran hacerme mis padres o hermanos. Si estaba esperando la llamada de mi novio y alguien estaba utilizando el teléfono —en ese entonces no había celulares—, me empezaba a entrar tal desesperación y ansiedad que yo misma me enojaba y les gritaba. Sabía que él estaría marcando incansablemente hasta que entrara su lla-mada y, para cuando eso pasara, se pondría histérico porque era "mi responsabilidad" conseguir que nadie usara el teléfono, si ya sabía que él estaría marcando.

Prácticamente vivía aterrorizada de hacerlo enojar, y no porque le tuviera mucho miedo, sino porque ya sabía que una cosa así nos podía destruir el resto del día y que iba a "tener" que escuchar sus berrinches por horas y horas sin parar, por más pequeño que fuera el problema. Nosotros no teníamos peque-ñas diferencias: todo, absolutamente todo, se salía de contexto y proporción, y esas discusiones eran literalmente interminables.

Tristemente, volviendo a mirar el pasado, me doy cuenta de que lo que yo me juré a mí misma, cuando era niña, que nunca pasaría, lo estaba viviendo en carne propia. Lo que había visto en el matrimonio de mis papás, ¡me estaba pasando lo mismo! Cla-ramente lo tenía frente a mis ojos y no lo quería aceptar.

Mi madre veía cómo era de absorbente mi relación y cómo, día a día, yo iba cambiando mi forma de ser, transformándome de la Marcela alegre y entusiasta que había sido en una persona estresada e intolerante hacia los demás, con tal de complacer a mi novio. Cuando ella me hablaba, preocupada, me daba consejos y me decía que yo merecía que me trataran bien, que me diera cuenta de que esa relación no era sana. Y yo, en vez de escuchar los consejos de mi pobre madre, invariablemente, le contestaba mal y le echaba en cara que ella, precisamente ella, era la menos indicada para darme esos consejos. Le decía que ella había vivido durante muchos años y estaba tolerando aún cosas peores que yo, y que primero se defendiera ella misma antes de darme consejos. Ahora me arrepiento de esas palabras tan crueles, de haberle hablado tan duramente a ella, que lo único que quería era apartarme de lo que ella había vivido tantos años.

Tensión y miedo: "Yo soy la culpable de sus explosiones"

Durante el noviazgo, todo el tiempo me sentí invadida por una sensación muy desagradable y angustiante de culpabilidad. Los argumentos de mi novio siempre eran que YO lo hacía ponerse así; que si YO no actuaba de tal manera, él no tendría por qué reclamarme; que si YO me comportaba como él me decía, entonces él no tenía por qué enojarse. Insistía que, por supuesto, era MI culpa que él reaccionara de esa forma; entonces, ¿qué más podía esperar yo sino su enojo?

En una ocasión, recuerdo que saliendo de la preparatoria, iba caminando hacia la parada del camión y dos amigos y una amiga iban al lado mío, todos hacia el mismo rumbo. Al llegar a mi casa, el teléfono estaba ya sonando desesperadamente... Era mi novio, gritándome y diciéndome que me había visto caminando con alguien más: súper molesto me reclamaba a gritos y yo, tartamudeando, le daba muchas explicaciones:

—Pero si no estaba haciendo nada malo. ¿Por qué te enojas? Sólo son compañeros de la escuela que llevaban el mismo camino que yo —le dije tratando de convencerlo.

La pelea fue tal que desde ese día en adelante procuraba que nadie me hablara fuera de la escuela. Todo el tiempo tenía miedo; me sentía vigilada y acosada. Tenía pánico de hacer algo "malo" que lo hiciera enojar. Es increíble cómo alguien puede realmente llegar a cambiar tu forma de ser de tal manera, ¿cómo es que le damos ese poder a otras personas, siendo nosotros los dueños de nuestra vida y libertad? Libertad era una palabra que ya no existía en mi vocabulario, en un abrir y cerrar de ojos la había perdido. Se la había entregado sin darme cuenta.

Recuerda: Las explosiones de él nunca son culpa tuya.

Obvio, el tipo de relación que teníamos en público también era terrible; todos notaban cómo me trataba, pero pocas personas me comentaban algo. En un principio, a veces mi hermana iba con nosotros a cenar o a una disco. Ella entonces no tenía pareja y creo que las primeras veces sí le gustaba ir con nosotros, pero empezamos a pelear tanto que me dijo una vez:

—Yo ya no salgo más con ustedes porque me da vergüenza.

Baja autoestima

Mi seguridad se fue a pique. Los comentarios denigrantes y todas esas situaciones que se daban constantemente dañaron severamente mi autoestima. Hasta antes de conocer a mi novio, yo había tenido muchos amigos, pues era muy extrovertida y alegre; era segura de mí misma y sabía lo que me convenía hacer y lo que no. Mis padres respetaban casi siempre mis decisiones o, si no estaban de acuerdo, por lo general era mi mamá la que intentaba hacerme ver las cosas de otro modo, pero básicamente respetaban lo que yo quería. A veces iba de compras con mis hermanas "al otro lado" y entre las tres escogíamos lo que nos gustaba. Nos probábamos la ropa y veíamos entre todas lo que nos quedaba mejor. Nadie imponía sus propios gustos a los de nadie.

Pero mi novio esperaba y exigía que yo le consultara todo, hasta el color del suéter que me quería comprar. Al principio pensé que yo era tan importante para él que se preocupaba hasta de los detalles más pequeños; pero con el tiempo me empezó a doler que a veces decía cosas muy desagradables sobre mi aspecto o sobre mi forma de ser. Hacía lo posible por hacerme sentir fea, tonta e incompetente para cualquier cosa. "¡Qué tontería! ¿Cómo crees que te vas a poner esa falda? Mira nada más, todo se te señala y con esos kilitos que tienes de más..." Y, aunque yo no tenía kilitos de más, él me hacía creer que yo nunca sería lo suficientemente delgada para sus estándares de belleza. Opinaba sobre todo lo mío y eso ya no fue muy agradable, nada agradable. Poco a poco sus palabras se fueron metiendo en mi mente hasta que las creí. Cada día me sentía más devaluada, seguramente yo no valía nada, como me lo repetía mi novio a cada momento, y llegué a creer que me hacía un favor al estar conmigo, que ningún hombre me iba a querer como él, que me arrepentiría toda la vida si lo dejaba. Y todas las veces que esto sucedía, yo me prometía a mí misma tratar de mejorar, de portarme "bien", como a él le gustaba, de verme bonita para él o de vestirme como él quisiera, de estudiar más para ser más interesante y educada; tal vez si yo hacía las cosas mejor la relación podía ser muy distinta. Pero para él nunca nada era suficiente.

El ciclo de abuso emocional continúa: tensión, explosión, luna de miel

Claro que no todo eran peleas. También había mucho "amor", mucha atracción física y la pasábamos muy bien cuando todo estaba en orden. Esos momentos de felicidad y de "normalidad" eran los que hacían que me siguiera aferrando a él, que siguiera tratando de permanecer a su lado, de no hacerlo enojar, de darle gusto en todo. Me daba pánico perderlo, no encontrar otro "amor" como él. Yo no me daba cuenta entonces que esas situaciones se repetían una y otra vez.

Teníamos unos días muy buenos, pero los días malos empezaron a ser los más frecuentes. Se iban acumulando las tensiones: que si yo no estuve a tiempo cuando él me hablaba por teléfono, que si alguien me había visto platicando con algún compañero de la escuela o que si yo "prefería" acompañar a mi mamá con el médico: "Puros pretextos, tu hermana Sarah la puede llevar ella sola, sin tu ayuda". Eran detalles que se iban juntando, hasta que él explotaba por cualquier cosita y entonces todo se convertía en gritos, insultos, portazos y hasta arrancones violentos si íbamos en el coche. Discutíamos a gritos, por horas, sin importar quién nos estuviera oyendo. Hasta hubo veces en que terminábamos la relación. Le decía que ya no quería ser su novia...

Luego, las cosas se iban calmando y él se empezaba a mostrar un poco arrepentido, después se transformaba en el novio devoto y cariñoso y finalmente se tiraba a mis pies, explicando, suplicando, persuadiéndome con palabras dulces y con atenciones: "Es que te quiero tanto...", era su disculpa más frecuente. Y siempre acababa pidiéndome perdón, convenciéndome, enamorándome, mandándome unas flores o llevándome a cenar al Camino Real o a otro de los mejores restaurantes de Saltillo.

Y yo siempre cedía. Y así durábamos algunos días, bien, contentos, hasta que iban pasando algunas cosas que no le gustaban y todo volvía a empezar... ❣

Aumento de la violencia

Muchas veces he pensado que la actitud de mi novio me lastimaba no sólo por sus gritos, su enojo y explosiones de violencia, sino porque él aprovechaba cualquier ocasión para humillarme, burlarse y criticarme, de lo que hacía, o de lo que no hacía; en lo que decía o en lo que no decía; en mi forma de vestir o hasta en lo que escogía de comer.

—Tú no tienes buen gusto. Claro, si nada más fíjate en tu familia. Si ni siquiera sabes cómo entrar a un buen restaurante... Deja, trae acá la carta, ¡cómo se te ocurre pedir eso: empanadas de carne como entrada! Y yo sé lo que se debe escoger de beber cuando se pide pescado.

Y siempre trataba de desanimarme, en cualquier ocasión que podía, para hacerme desistir de comprar el vestido que a mí me había gustado o convencerme para comprar los zapatos que él me había elegido. Él sabía mejor que yo lo que me quedaba mejor. Yo no sabía nada. No era capaz de tomar ni la más simple de las decisiones yo sola.

Lo peor era que todas sus críticas y sus burlas las hacía con frecuencia delante de mis amigas, las pocas veces que yo me atrevía a dejarme ver con él cuando ellas se reunían al salir de clase. También aprovechaba para compararme con alguna de las más guapas.

—Pero mira nada más, qué bien te queda ese vestido, Jenny —le decía mi novio a mi mejor amiga—. Yo no sé cómo no aconsejas a Marcela para que se vista como tú. O ¿por qué no le das unas clasecitas de maquillaje? Mira nada más cómo viene hoy y eso que le advertí que íbamos a salir...

Mis amigas también se la pasaban mal ante esos comentarios y trataban de desviar la conversación para que yo no me sintiera más apenada. Con el tiempo, empezaron a evitarme cuando estaba con él, que era casi siempre...

Soledad y depresión

Aunque mi novio insistía en ir a cenar o a bailar los fines de semana, muchas veces yo prefería que no saliéramos, porque ante todo temía sus gritos o sus escenas de celos, pero también quería evitar a toda costa sus burlas delante de mis amigas. Todos sus comentarios iban encaminados a hacerme sentir menos y a hacerme ver a mí y a los demás que él tenía el control absoluto sobre mí.

Poco a poco dejé de ver a mis compañeros de la escuela y casi a todas mis amigas; ni siquiera me atrevía a verlas sin él, pues yo debía estar en casa, esperando que él me llamara. Yo sé que ellas entendían el problema, pero también sabía que, sobre todo tres de ellas, cuyos novios eran también amigos, salían los viernes o los sábados, las tres parejas juntas y se divertían muchísimo.

Mi novio tampoco quería que estuviéramos con mis hermanos y, mucho menos, con mis padres. A ellos tampoco les agradaba él, así que empezamos a ser para todo únicamente mi novio y yo. Sus maltratos y mi inseguridad.

A veces sentía muchas ganas de llorar, pero yo sola me consolaba pensando que tenía un buen novio, a pesar de sus defectos. Yo le ayudaría a cambiar... Aprendería a respetarme y a quererme como yo deseaba que lo hiciera. Era un novio guapo, que me amaba y que iba en serio, pues ya llevábamos muchos años de relación. Si lo dejaba ir, seguro encontraría otra novia más bonita e inteligente que yo. Debería de estar agradecida de que él siempre me hubiera demostrado lo mucho que me amaba, a pesar de que yo no lo mereciera, a pesar de todos nuestros problemas. La mejor prueba era que él siempre se arrepentía de sus arrebatos y siempre me pedía perdón. Y uno siempre debe perdonar. Por amor, se perdona lo que sea. Yo sabía entonces que, si volvía a lastimarme, era porque YO me había equivocado en algo...

De hecho, sentía que me equivocaba en todo. Hasta en ser quien era. Las comparaciones fueron una de las características más notables de mi noviazgo, para él yo nunca era suficiente bonita, refinada, inteligente, conservadora o con clase. Para él siempre fui una cualquiera y me decía que yo era igual de corriente que mi mamá y que mis hermanas.

—Pues, ¿de dónde ibas tú a sacar clase o a ser elegante? Mira nada más a tu familia, viene del rancho, ¿o qué? Ni tu mamá ni tus hermanas saben cómo comportarse en un buen restaurante o cómo vestirse con elegancia...

Esas palabras eran cuchillos en mi corazón y cómo no iban a serlo, por supuesto que me dolían hasta el alma. Aunque yo sabía que no era cierto, cuando se metía con mi familia me lastimaba muchísimo más; era como si tocara el tesoro más preciado que yo poseía. Él se daba cuenta de que ése era mi talón de Aquiles, y no dudaba en usar su arma secreta en cuanta ocasión se presentara.

Recuerda: el amor no es control

A los 20 años, cuando estaba ya por terminar la carrera de Nutrióloga en una de las mejores universidades de Saltillo, y después de casi cinco años de relación, recibí una invitación de una de las profesoras de la carrera de Comunicación, a quien yo había conocido en mis años de estudiante, y que ahora era Subdirectora de Servicios Informativos de una cadena de televisión estatal de Coahuila, para participar en un concurso para ser presentadora en un programa de televisión de la cadena. Yo siempre había tenido facilidad de palabra y, desde que estaba en la preparatoria, me gustaba hablar en público. Aunque a esas alturas de mi vida ya no tenía confianza en mi aspecto, la gente decía que tenía yo presencia y que sabía pararme con seguridad frente a los demás.

La idea de ser presentadora de televisión no se me había ocurrido nunca y menos entonces, en esa etapa de mi vida. Aunque cuando era pequeña había fantaseado con la posibilidad de ser una actriz famosa y bonita que saliera en televisión, todo esto no había pasado de ser una ilusión de niña. Sin embargo, cuando me hicieron la invitación al concurso, me empezó a entusiasmar de nuevo la idea de la televisión y la comenté con algunas de mis mejores amigas. Todas me animaron a presentarme, diciéndome que era una oportunidad única y que yo, además de ser guapa, tenía facilidad de palabra; así que tendría puntos a mi favor. Entonces me animé y decidí participar. Además, si ganaba, pensaba que mi novio estaría orgulloso de mí.

El concurso era todo un acontecimiento en Coahuila, y no me importó saber que se presentarían muchas concursantes de todo el estado. En Saltillo se le había dado una enorme difusión al concurso y yo sabía que un gran número de personas conocidas estarían ahí. Eso no me preocupaba. Deberíamos presentarnos en el Centro de Convenciones de Monclova, o tal vez en el Casino, no se había definido todavía, para la primera etapa. Sabía que el espacio donde haríamos la prueba era un auditorio grande, que debería de saber usar el micrófono y que mucha gente estaría observándome. Además, muchas de nosotras iríamos acompañadas de familiares y amigos para apoyarnos. ❣

Manipulación y chantaje

Justo una noche antes de mi viaje para presentarme al concurso, mientras preparaba los últimos detalles de mi maleta, cansada y emocionada, escuché música de mariachi en mi ventana… Pensé que tal vez era serenata para la vecina; pero cuál fue mi sorpresa que, al asomarme, lo primero que vi fue a mi novio, con flores en mano y con un mariachi detrás de él, cantando *Si nos dejan…*

Feliz por la sorpresa, salí a besarlo, pensando que era una serenata para desearme suerte en mi aventura. De pronto sacó de su bolsillo una cajita blanca. La abrió, vi un anillo y me pidió ahí mismo que fuera ¡¡¡su esposa!!!

Para ser honesta, en ese momento me sentí decepcionada, sentí que era sólo una forma de mantenerme "atada"; pero no podía romperle el corazón y decirle que no. Respiré profundamente. No sabía cómo reaccionar. Mi mente estaba fija en otra aventura que era desconocida y excitante, en la cual de momento no había espacio para el matrimonio. Y yo sí quería convertirme en la presentadora oficial de ese programa de televisión del estado de Coahuila. Lo menos que estaba pensando a los 21 años era en convertirme en la esposa del hombre que sabía perfectamente que no me haría feliz.

Pero aun así lo acepté con una sonrisa en la boca, un poco confundida, pero minuto a minuto tratando de acoplarme a la idea. Ese momento habría de ser recordado y traído a nuestras múltiples discusiones una y otra vez, alegando que cualquier otra mujer hubiera estado feliz de que le propusieran matrimonio; pero que a mí nunca me habían brotado "lágrimas de alegría", como a todas las demás mujeres cuando les entregan el anillo. "Por ende, eres una malagradecida y una mujer frívola", me repitió muchas veces.

Autoestima mermada. Inseguridad y miedo

Cuando una escucha decir al hombre que nos ama que en realidad él nos está haciendo "un favor" al ofrecernos matrimonio, pues llegamos a creer que en realidad no somos tan bonitas como la gente nos ha hecho creer, que nuestra apariencia es vulgar y que nos vestimos con ropa que no nos favorece, una misma llega a tener dudas de sus propias decisiones. En esa época, mi autoestima estaba cada vez más baja: me veía al espejo y encontraba puros defectos, en mi cara, en mi cabello y me veía gorda y desgarbada. Esto me hacía empezar a dudar una y otra vez de entrar al concurso para ser presentadora de televisión. ¿Qué tal si de todas formas no ganaba y, encima, mi novio me dejaba? Constantemente pensaba que a lo mejor él no me quería tanto y que la verdad era que "andaba con otra".

Mi novio y yo cortamos muchas veces y regresábamos otras tantas. Y luego estaba como resentido de que lo hubiera dejado y me echaba en cara esas veces que lo cortaba. En esos días del concurso, una vez llegué al extremo de cancelar la boda. Y él me decía:

Recuerda:
El abuso emocional lastima seriamente la autoestima de la mujer.

—La verdad es que tú no me quieres, Marcela, me querías dejar...

Y esto provocaba en él resentimiento y, a veces, en vez de recriminaciones, él optaba por ignorarme, lo que ahora sé que es otro tipo de abuso. No me hacía caso, me dejaba con la palabra en la boca o si íbamos a alguna parte y se encontraba con algunos amigos me dejaba sentada, sola frente a una mesa, y él se iba a platicar con ellos. Ni siquiera me pedía algún refresco o algo de comer y yo no me atrevía tampoco a hacerlo, por miedo a sus reacciones.

Si íbamos en el coche y yo le comentaba algo, se ponía a chiflar o subía el volumen de la música para que no se oyeran mis palabras. Quería demostrarme a toda costa que no le interesaba lo que yo pudiera decirle.

Nunca sabía yo qué esperar, si pleitos y gritos o indiferencia y tampoco sabía qué me lastimaba más.

Visitas intempestivas

Para entonces ya me había dado cuenta de que mi novio no se sentiría orgulloso de mí si ganaba el concurso porque simplemente él no quería que yo participara. No le interesaba que yo hiciera algo que era importante para mí, que destacara en algo, que demostrara que era buena en alguna cosa. No dejaba de criticarme y de menospreciarme. Y, a pesar de las discusiones, de los reproches y gritos de siempre; a pesar de mis dudas y de que mi autoestima iba en picada, yo decidí de todos modos seguir con mi idea. Estaba dispuesta a continuar con mis planes, a superar mis miedos, a intentar demostrar de lo que era capaz de lograr.

Debía viajar a Monclova para las entrevistas preliminares, para el *casting* y para la presentación definitiva, de donde saldría la ganadora del concurso.

Nos hospedaron a todas las participantes en uno de los mejores hoteles de Monclova, y no me sorprendió cuando mi hermana, la mayor, me habló para decirme que mi novio iba a estar ahí. No era la primera ni sería la última vez que mi novio se presentara en algún lugar sin haberme avisado, sobre todo en mi escuela preparatoria y luego en la universidad. "Es que me gusta sorprenderte... Además, a veces no me aguanto las ganas de verte en ese mismo momento y me aparezco donde sé que vas a estar."

La distancia había ayudado a que las peleas con mi novio se espaciaran un poco, aunque no terminaron por completo. Y pronto se intensificaron, porque también a Monclova mi novio llegó, de "casualidad". Iba con sus amigos y se hospedaron en el mismo hotel, también por casualidad, cosa que no ayudó mucho, ya que al regresar de los ensayos o de eventos, en más de una ocasión me tocó topármelos en el *lobby* con otras chicas y, por lo visto, pasándola muy bien. Fueron momentos de mucho estrés, porque yo necesitaba mantenerme enfocada en la competencia y la conducta de mi novio obviamente me causaba distracción y enojos. Fuera de sentirme apoyada por su presencia, me sentía traicionada.

Habíamos hecho varias entrevistas, pruebas y presentaciones y, conforme progresaba el concurso, varias chicas habían sido eliminadas. Yo me había sentido bastante segura de mí misma y había ido avanzando hacia la etapa final. La noche antes de la presentación más importante, la definitiva para saber quién sería la conductora del programa, recibí una llamada de mi novio, preguntándome si yo sabía que iba a ganar. Le contesté:

—No tengo idea de eso, pero por supuesto, me encantaría.

Cosa que lo hizo enfurecer y levantando la voz me exigió una explicación, diciéndome que en el hotel había escuchado a varias personas comentar que la representante alta y de cabello oscuro de Saltillo, o sea yo, NO era la candidata a ganar. Que la favorita era la rubia bonita de Monclova y que, como estábamos en esa ciudad, había mucha gente de ahí que la apoyaba. Esas palabras, lógicamente, me hacían flaquear y hubo momentos en que consideré la posibilidad de salirme del concurso. Afortunadamente, no sé cómo, pude seguir adelante, a pesar de que cada vez me sentía más insegura.

Más discusiones, gritos, insultos y amenazas

Yo no sabía qué decirle, pues obviamente quería ganar. Quería ese trabajo en televisión. Él se hizo el ofendido y aquella noche me mantuvo en el teléfono por casi tres horas discutiendo acerca del tema, gritándome y amenazándome con que si ganaba me fuera olvidando de él.

—Y ni te creas. No voy a tolerar que vivas en otras ciudades. Si eres la presentadora de ese programa vas a tener que estar viajando. ¡Ni lo pienses! No voy a tolerar que si eres mi novia seas presentadora de televisión, para que termines como todas: siendo una puta. ¡Como todas! Y eso... si ganas. De todos modos, no ganarás. Ya vi a las otras concursantes y todas son mucho más bonitas, guapas e inteligentes que tú. Así que no te hagas ilusiones, Marcela.

Completamente ofendida, sintiéndome insultada y a la vez insegura, me decepcioné al escuchar esas palabras de la persona a la cual yo amaba, precisamente una noche antes de la presentación. Al principio yo traté de contener las lágrimas, después, ya no... Y seguía escuchando sus palabras como si por teléfono él fuera capaz de hipnotizarme. De hecho, él sí era capaz de controlarme así a distancia. No sé por qué no le podía colgar el teléfono o ponerle un alto a sus insultos. Ahora que estoy fuera de esa situación me pregunto: ¿cómo es que pude aguantar tantas cosas? La respuesta no la sé; sólo sé que para ese momento ya estaba totalmente envuelta en una relación sumamente tóxica, destructiva y complicada, y sin saber que sería todavía peor con el paso del tiempo.

Aun cuando tuve la oportunidad de alejarme de él, no fui capaz de hacerlo en ese entonces. Esa noche en determinado momento, me armé de valor y muy claramente recuerdo que le dije:

—Pues voy a ganar y espero no verte nunca más.

Estaba decidida a sacarlo en ese instante de mi vida, pero aun así no podía terminar la llamada. Y luego, hasta llegué a suplicarle:

—Por favor, déjame dormir. Mira, ya son casi las tres de la mañana y estoy muy cansada. Ya no sé qué más decirte. Si quieres, encantada, después seguimos hablando de esto. Ahora, por favor, te lo suplico, ya tenemos que colgar. Sólo me quedan unas horas para tratar de dormir. Tengo que estar despierta antes de las 7, para desayunar y luego tenemos que irnos al teatro. Necesito prepararme con tiempo.

Recuerda:
Nadie merece ser tratado con abuso: NADIE.

Después de muchas súplicas, por fin colgamos el teléfono. En mi cama, pensando en sus palabras amargas y llorando por una hora más, por fin pude conciliar el sueño.

Y al día siguiente, aunque yo me sentía agotada, ojerosa e insegura, me presenté al concurso. Me concentré en hacerlo lo mejor que pude, me enfoqué en mi objetivo y superé la última etapa. ¡Y gané! A pesar de mi novio, de todas sus críticas y amenazas, llegué a ser la presentadora oficial del programa de televisión del estado de Coahuila.

El gusto me duró muy poco: tuve que renunciar al cargo días después. La rubia de Monclova, que había obtenido el segundo lugar, se quedó con el empleo de mis sueños. Más bien, se lo regalé.

Elegí casarme.

Ahora que lo pienso no puedo comprender por qué lo hice. En el momento que gané el concurso me sentí inmensamente feliz. Orgullosa de mí misma e ilusionada por un futuro en el mundo de la televisión. Había tenido ante mí un panorama muy amplio de giras, viajes, entrevistas, gente interesante a quien conocer y capacitación profesional en el mundo de la televisión. Los medios de comunicación locales se habían volcado sobre mí y en cuestión de días había tenido una serie de sesiones de fotos, conferencias de prensa y reuniones para definir los términos de mi contrato de trabajo como presentadora de televisión, al que aún no había renunciado.

Mi familia y mis amigas me apoyaban y estaban felices por mí. Mi novio estaba furioso. En las ocasiones que estábamos juntos y salíamos a algún lugar público y algunas personas se acercaban para saludarme y tomarse fotos, siempre terminábamos discutiendo. Me decía que a todo el mundo yo le decía que sí y me repetía una y otra vez: "¡No dejes que nadie te toque, ni para la foto!". Se molestaba hasta cuando entrábamos a un lugar y personas volteaban a mirarnos, me decía que yo lo hacía a propósito y que me encantaba llamar la atención. Me repetía que yo no lo quería, que mi actitud lo demostraba, que lo nuestro no funcionaría si yo aceptaba el trabajo, si me iba de viaje. Me advertía que él no toleraría tener una esposa que perteneciera a la farándula, que si elegía esa vida me quedaría solterona porque nadie toma en serio a ese tipo de mujeres. Me aterroricé. Me empezó a dar pánico un mundo desconocido, a quedarme sola, a perder al único hombre que me hacía el favor de quererme.

Así fue como renuncié a ser presentadora de televisión, argumentando problemas familiares. Se me caía la cara de pena de decir que no podía tomar el trabajo, que tenía que abandonarlo por causas de fuerza mayor, de dar mil explicaciones y disculpas. Pero mi novio estaba satisfecho con mi decisión.

Regresar a Saltillo tuvo un sabor agridulce, por un lado volvía a estar con mi familia que tanta falta me habían hecho, con mis amigas, y regresaba también a una vida conocida para

Recuerda: Abuso emocional es cuando la mujer es obligada a hacer a un lado sus propias necesidades y deseos para cumplir los de él.

mí. Pero por otro lado, estaba dejando mi sueño y había tenido que rechazar oportunidades extraordinarias que seguramente habrían surgido si mi novio me hubiera permitido hacer la gira que me propusieron en Monclova, antes de que renunciara. Estaban programadas presentaciones, que yo nunca haría, en televisoras de Guadalajara, Veracruz, Laredo, Tijuana, Tampico y Cancún y todo culminaría en un maravilloso viaje a Las Vegas...

Tratando de darle sentido a mi decisión, yo misma me convencí de que había sido la mejor, pues mi novio parecía estar contento de tenerme sólo para él. Me convencí de que una vida tan glamorosa como yo imaginaba que llevaban las presentadoras de televisión hubiera sido muy fría, solitaria y difícil, hasta el punto que yo misma creía mi historia. Muchas personas me preguntaban o más bien me cuestionaban por qué no había continuado en la TV, y la respuesta invariablemente era la misma: que no me había interesado ese mundo, que prefería regresar a terminar la carrera que tanto amaba y que había dejado a medias, que lo que más deseaba en el mundo era casarme... No sé si me lo creían, pero lo aceptaban como respuesta.

Como estaba acordado, los planes de la boda siguieron en pie, así que los preparativos comenzaron.

Humillaciones en público

Ya con la promesa de que sí sería su esposa y con los preparativos de la boda en marcha, las peleas con mi novio disminuyeron un poco, aunque no terminaron por completo. Cuando salíamos, algunas personas aún me reconocían, pues por el concurso mi foto se había difundido en Saltillo. Si me saludaban, me tomaban fotos o volteaban a mirarme, él me reclamaba:

—Te encanta lucirte y llamar la atención, como siempre. Te crees la figura más importante y yo ¿qué soy? ¿El imbécil que va a tu lado? Que no se te olvide que vas a ser mi esposa y no una mujer de la TV.

Lo peor era que todos esos comentarios los hacía en voz alta, a veces a gritos, sin importarle que lo oyeran las personas que me habían pedido hacerse una foto conmigo. Ante tanta humillación yo quería desaparecer. Yo no desaparecía, pero lo que sí desaparecía eran mi alegría y el gusto de haber esperado pasar un buen rato. Mi novio no desaprovechaba la ocasión de humillarme delante de todos, cuantas veces pudiera.

Espiral ascendente de violencia

Mientras llegaba el momento esperado de ser su esposa y de que por fin me tratara con respeto al comprobar, casándome con él, que yo sí lo amaba, otras amigas empezaban ya a casarse...

A ellas las veía felices e ilusionadas. Aunque yo aparentaba verme como ellas, e incluso intentaba sentirme como ellas, lo que en realidad sentía era temor y angustia. Nunca había visto la muerte tan de cerca como el día que se casó una de mis mejores amigas. Una boda espectacular, con amigos y familiares; una fecha definitivamente especial para todos, ya que se casaban mi mejor amiga con el mejor amigo de mi futuro esposo. La estábamos pasando de lo más divertido... De pronto llegó mi amiga, la novia, a presentarme a un señor de la tercera edad, un magnate de una importante televisora, muy amable. El señor insistía en que quería conocer a una mujer tan guapa como yo, que *casi* había sido presentadora de televisión.

Al verlo tan cordial, lo saludé y accedí a tomarme unas fotos con él. Una hora después se acercó de nuevo, pero esa vez para invitarme a bailar una canción con él. Por supuesto que accedí. Me parecía un señor muy simpático y amable, además se me hacía una grosería despreciarlo.

Ya bailando con él, vi de lejos a mi novio que tenía cara de enojado y me veía furioso, como queriéndome matar con la mirada. Me disculpé con el señor y fui a sentarme al lado de mi prometido, a seguir con la fiesta. Pero mi novio estalló y no dejaba de reclamarme:

—¿Por qué tienes que bailar con un viejo como él? ¿Qué nunca puedes decirle que no a nadie? Es el colmo contigo.

Cada vez levantando más y más la voz, me siguió recriminado, mientras yo trataba que la discusión no se saliera de control más de lo que ya estaba, intentado tranquilizarlo y dándole miles de explicaciones. Le dije que mi amiga me lo había pedido como un favor y que, además, era un señor de casi 80 años. Pero nada lo hacía calmarse; así que, para no seguir pasando vergüenzas frente a nuestros amigos, decidimos irnos de la fiesta.

Recuerda:
El abuso físico puede poner en peligro la vida de la mujer.

No sé exactamente qué fue lo que lo hizo ponerse tan enojado, pero estaba incontrolable. En el auto, me gritaba y me apretaba la pierna con muchísima fuerza, al grado de dejarme la pierna izquierda con moretones, con la marca de sus dedos en mi piel. Yo también muy molesta e indignada, pensaba que cómo era posible que un señor de 80 años nos causara semejante discusión. Por supuesto, yo le decía lo harta que estaba de que se pusiera así y de que me tratara como a una cualquiera. Y él aceleraba más y más... De pronto, volteé hacia el frente y vi la

carretera de dos carriles con autos a cada lado de la vía completamente parados a la misma altura. Le grité que frenara y él, en
lugar de parar, aceleró aún más. Cerré los ojos y sólo escuché
un tronido en cada lado del auto. No sé cómo lo logramos, pero
habíamos pasado justo en medio de las dos filas de autos que
estaban estacionados. Los espejos retrovisores de ambos lados
se hicieron pedazos, los de los otros coches, también. Habíamos salido librados de un horrible accidente, pero el susto me
había dejado totalmente aterrorizada.

Con un nudo en el estómago y la sangre en los pies,
comencé a llorar. Gritándole, le reclamé lo que acaba de hacer.
Me quité el anillo, se lo aventé y di por terminado nuestro compromiso.

Ahora sí estaba decidida a terminar esa relación, a no
casarme con él. Para mí, el tolerarle que me hablara mal, que
me gritara y hasta que me insultara no era tan grave; pero el
que me hubiera dejado marcas en las piernas y que estuviéramos al borde de la muerte, ¡sí era intolerable!

Ingenua yo... No sabía que el abuso emocional me estaba
haciendo un daño permanente, y que era mucho más difícil
de borrar que unos moretones. Pero en ese instante creí que
había llegado a mi límite y que era bueno que esa vez sí estaba
tomando la decisión correcta de dejarlo. Y en esa ocasión, según
pensaba entonces, era para siempre...

Así que sin más ni más, se canceló la boda. No me importó
que estuvieran ya todos los planes hechos, invitaciones escogi-
das, luna de miel pagada y demás... ¡¡¡No me casaba!!!

Muy pronto, al mes de haber terminado con mi compromiso de matrimonio, comencé a salir con otro chico, que no
era la mejor persona con quien comparar a mi novio. Además,

tampoco era buena idea involucrarme con alguien más, puesto que aún no estaba lista: había brincado de una relación a otra casi automáticamente y sin sanar aún mis heridas. Para ser honestos no me gustaba estar sola. Con muchos pretendientes dispuestos, nunca faltó quien quisiera salir conmigo y, una vez más, cometía el error de envolverme sentimentalmente en una relación, de lleno y sin pensarlo. Así duré dos meses en ese nuevo noviazgo, complicado y a larga distancia, ya que mi nuevo novio estaba estudiando en Veracruz, en el mero puerto, y sólo nos veíamos de vez en cuando.

Como mi nuevo novio tampoco resultó ser lo que yo esperaba, comencé a dudar de mi decisión de cancelar la boda y a tomar como verdad indiscutible el refrán de "más vale malo por conocido que bueno por conocer". Empecé a decirme que mi antiguo novio no era tan malo como el nuevo; así que la inseguridad volvió a atormentarme y me preguntaba si yo habría cometido un error al haber terminado con el primero. Todas aquellas palabras que escuché por tanto tiempo que mi ex novio me decía, como que no iba a encontrar nunca a alguien mejor que él, ni tan siquiera parecido; que nadie me iba a aguantar con mis anhelos de presentadora frustrada; que él era un hombre extraordinario; que sólo él me podía dar una vida estable; que no encontraría otro que me quisiera como él…, volvían a mi mente. Me preguntaba si todos los hombres en realidad eran iguales y pensaba que el refrán era cierto. Ciertísimo. Así que una semanas después, en un día que me sentía sola y triste, le llamé a mi ex novio y le pedí que nos viéramos "para platicar"… Error total. Yo solita me había echado la soga al cuello. ❧

Círculo vicioso del abuso

Él accedió a vernos, "sólo para platicar" y, sin más ni más, reanudamos los planes de la boda. Nada había cambiado entre nosotros y todo seguiría igual, misma fecha, mismo lugar, ¡mismo todo! Me sentía aliviada por seguir con los planes de casarnos, porque me había sentido muy presionada por el "qué dirán" cuando cancelamos la boda. Habían sido muchos años invertidos en esa relación, y yo ya había comprobado que no me gustaba estar sola y que todos los hombres eran iguales. Así que era un alivio estar en territorio conocido, cumplir con las convenciones sociales, no ser una solterona y ser una mujer respetablemente casada.

Y así fue, al año siguiente nos casamos, como estaba planeado. Desafortunadamente no fue el clásico "y vivieron felices para siempre".

Parecía que la luna de miel iba a ser maravillosa... Fue en un crucero que salió de Acapulco, pasando por Cabo San Lucas y San Diego, hasta llegar a San Francisco. Aunque siempre supe que lo más probable era que no sería feliz con él, tenía que intentarlo. En el fondo siempre tuve la esperanza, de que, en cuanto nos casáramos, él se daría cuenta de lo mucho que yo lo quería, de que dejaría de ser celoso y cruel, de que me respetaría como su esposa. Increíblemente, la actitud de él en cuanto nos casamos fue distinta, muy muy diferente a lo que yo esperaba o a lo que yo estaba acostumbrada: ahora él parecía ignorarme y había decidido ser indiferente conmigo. Utilizaba cada oportunidad para hacerme sentir mal y para echarme en cara que yo había cancelado la boda; parecía como si entonces su intención fuera vengarse por haberlo hecho y sacaba el tema una y otra vez.

Recuerda:
En una relación abusiva, el temor a estar solas nos hace permanecer en ella.

La dinámica de nuestra relación había cambiado: no cambió de celoso y controlador a respetuoso y cariñoso, como yo deseaba; más bien se volvió distante e indiferente. Emocionalmente él estaba distanciado todo el tiempo. El único momento en el que se acercaba a mí o me tocaba era para tener relaciones sexuales, lo que yo no entendía, ¿cómo podía ser tan frío y seco y de pronto tocarme únicamente de una forma tan íntima? No había manera de decir que no; si lo hacía se molestaba muchísimo conmigo y se hacía el ofendido; discutíamos y era un cuento de nunca acabar. Por eso, en muchas ocasiones prefería acceder y tener relaciones, en lugar de pasar dos horas discutiendo al respecto y que estuviera de mal humor por días enteros.

Y así, entre distanciamientos y discusiones, la luna de miel nunca llegó a ser lo maravillosa que yo había imaginado. Al regresar a Saltillo, rentamos un departamento en la colonia Loma Alta y yo cursé ya mi último semestre de mi carrera de Nutrición. Además de estudiar, tenía dos trabajos: había conseguido una sección en un programa de radio, tan sólo de 15 minutos, pero que me entusiasmaba mucho, y también un empleo de tiempo parcial en un consultorio, como asistente de una prestigiada nutrióloga de la ciudad. Francamente, me sentía realizada, pues en esos momentos tenía lo mejor de los dos mundos y mi plan era que así continuara todo: poder utilizar mi facilidad de palabra en los medios de comunicación, a pesar de mi poca experiencia como conductora y que, como no era televisión, yo no me "exhibía" y, así, mi marido no se molestaba y no se generaban tensiones en mi matrimonio; al mismo tiempo, yo podía desarrollarme como profesionista en la carrera que tanto amaba.

En esa época mi esposo trabajaba para una distribuidora de aparatos electrodomésticos en la sede de Saltillo, pero cubría también todo el norte de la República Mexicana, por lo cual viajaba mucho. Aunque su sueldo no era muy alto, nos alcanzaba para vivir bien, hasta para darnos algunos lujos y, además, era un trabajo muy estable.

Decisiones unilaterales

Sentía que las cosas estaban saliendo más o menos bien en mi vida de casada, cuando un día, mi marido llegó del trabajo muy contento y me dijo:

—Te tengo una súper buena noticia: nos vamos a vivir a Estados Unidos

En realidad eso me tomó por sorpresa y me extrañó, eso sí, que en ningún momento me hubiera preguntado si yo estaba de acuerdo con la decisión. Pero, al ver lo contento que estaba, también me puse feliz. Yo no sabía la magnitud del cambio en el que me embarcaba, y sin pensarlo dos veces, en menos de un mes, ya estábamos abordando un avión para la ciudad de Denver, Colorado, con sólo un par de maletas. Dejamos todo, absolutamente todo el resto de nuestras pertenencias y empezamos de cero en este mundo tan distinto que es la Unión Americana. En Saltillo dejaba a mi familia, amigos, trabajo, un futuro como nutrióloga y todos mis contactos en el medio de la radio y la televisión.

Al llegar a Estados Unidos, y ya establecidos en nuestro nuevo hogar, escuché, con el corazón helado y con un nudo en el estómago, estas palabras, que jamás olvidaré. Mi marido me advirtió:

—Aquí, olvídate de tus *pendejadas* de querer ser presentadora de televisión, locutora o cualquier otra estúpida cosa relacionada con los medios. Yo soy el único que puede trabajar en esta casa, porque tú no tienes visa de trabajo, sólo de acompañante, y no quiero que por tus *necedades* de querer hacer algo nos vayan a deportar.

Fue hasta ese momento cuando me di cuenta de que el haberme ido a vivir a Estados Unidos implicaba mucho más sacrificio de mi parte del que yo había pensado en un principio. Había sacrificado mi vida y ni cuenta me había dado. Y ahora ya no había vuelta atrás...

Recuerda:
El obligarte a dejar tus sueños y aspiraciones es una forma de abuso.

Con ese cambio de país, él tomó una actitud más altanera. Se sentía superior a todos y, cuando tocábamos el tema, me hacía sentir que, en lugar de haber hecho un sacrificio por él y por el bien de nuestro matrimonio, yo le debía de dar las gracias por haberme traído a este país. Nuevamente, me hacía un favor. Nunca, jamás valoró o siquiera reconoció que yo hubiera hecho un gran sacrificio personal y profesionalmente hablando. Después de haber llevado una vida diaria totalmente activa los últimos meses en Saltillo, con universidad, dos trabajos, familia y amigos, estaba atrapada en un mundo completamente solitario y desconocido para mí.

Los días me empezaron a parecer eternos... El primer mes no tenía auto y profesionalmente no podía hacer nada, absolutamente nada. Mis actividades diarias se habían reducido a las labores domésticas que, aunque son importantes y necesarias, sentía que me faltaba la vida profesional a la que me había acostumbrado. Nunca he menospreciado el trabajo de las amas de casa, pero para mí era una tortura estar profesionalmente inactiva. Además, las labores de limpieza se habían convertido en una pesada carga porque hasta conseguir un detergente se me complicaba: incluso para ir a la tienda a comprar los productos de limpieza o la comida se necesitaba un medio de transporte, pues las distancias en Denver son muy largas. Así que debía usar transporte público, caminar mucho y arreglármelas como pudiera. La rutina era espantosa, sobre todo porque me sentía muy sola: despertaba, iba al gimnasio, regresaba a hacerle de comer a mi esposo, bañarme y limpiar mi departamento.

Fue precisamente en esos tiempos cuando menos peleas tuvimos mi esposo y yo. Cómo no iba a ser así, pues prácticamente estaba de prisionera en mi propia casa y nos veíamos relativamente sólo en las noches.

Me empecé a desesperar y no sabía qué hacer con tanto tiempo libre. Internet aún no era lo que es ahora, además ni computadora tenía, y los teléfonos no eran inteligentes, ni nada parecidos a los de hoy, que prácticamente son computadoras portátiles. Comencé a leer y en época de calor me iba a la alberca a pasar mis tardes con una copa de vino. Al poco tiempo, pude tener mi propio auto y por lo menos así salí a conocer la ciudad con mi mapa de papel. No me importaba perderme, pues no tenía prisa por llegar a ningún lugar.

Control financiero

Con el tiempo, fui haciendo amigas y mi tedio se hizo menos marcado; pero aun así, me hacía falta un crecimiento profesional. Constantemente, pensaba y pensaba qué podría hacer para ganar algo, ya que la falta de dinero se estaba convirtiendo en un grave problema para mí.

Tenía una cuenta de ahorros con mi esposo, en la cual yo había puesto todo mi dinero que había ganado en Saltillo. Eran todos mis ahorros. Sin embargo, nunca tuve acceso a esa cuenta, pues ese dinero iba a ser para el "futuro". En teoría, también compartíamos otra cuenta de la cual yo sí podía usar dinero para la compra de comida y para emergencias, pero debía explicarle minuciosamente en qué había gastado hasta el último centavo. Y así, había pasado de ser una mujer independiente económicamente a una mujer completamente dependiente del salario de mi esposo y del presupuesto que él designaba para comida y necesidades del hogar. Mi poder de definición financiera pasó totalmente a segundo término y tenía que consultar con él antes de hacer compras no justificadas.

A pesar de que no estaba acostumbrada a vivir así, todo esto terminó por convertirse en mi nueva realidad. Y yo la acepté; aunque no me agradara en lo más mínimo, la acepté. Mi vida entera había cambiado drásticamente y, aunque esa vida no me gustara del todo, "tenía" que estar agradecida por la oportunidad de vivir en Estados Unidos. Y todo gracias a él...

Recuerda:
En el abuso, el dinero es una forma muy efectiva de control.

Mientras mi esposo se seguía superando profesionalmente, yo retrocedía en todos los sentidos. Me daba cuenta de que mi vida no tenía mucho sentido y por más que tratara de ver "el lado bueno" de la situación, me costaba mucho trabajo hacerlo. Cuando compartía con él lo que sentía y trataba de explicarle por lo que yo estaba pasando, era inevitable una pelea. Me humillaba, despreciaba mis sentimientos, se burlaba con crueldad y no se cansaba de decirme lo afortunada que era por vivir ahí, y que muchas mujeres morirían por estar en mi lugar. En ningún momento lo dudé, pero ése no era mi plan de vida; ésos no eran los sueños por los que yo había luchado; ésa no era la vida que yo quería para mí. Me sentía avergonzada por no agradecer las bendiciones que tenía, pero al final de cuentas también me sentía vacía. A esas alturas lo único que quería era que mi sacrificio fuera valorado, pero eso jamás sucedió. Una vez más la depresión se estaba asomando por mi ventana. Un sentimiento de desesperación e inconformismo me comenzó a acechar día y noche.

Así que, con el afán de cerrarle el paso a la tristeza y darle un poco de sentido a mi vida, me puse a entrenar para correr maratones y triatlones, lo que me ayudó a tener una meta y a luchar por ella. El ejercicio me salvó de las garras de la depresión a la que tanto le temía y que aún le temo.

La rutina continúa: nuestro primer hijo

Al año de haber llegado a Estados Unidos, tomamos la decisión de convertirnos en padres. De pronto eso me llenó de ilusión y fue como un bálsamo de amor para mi corazón. La idea de ser mamá me hizo totalmente feliz y ocupé toda mi energía en soñar despierta con esta nueva etapa de vida para la cual me sentía lista y ansiosa por explorar.

Mes a mes compraba pruebas de embarazo, sólo para desilusionarme al ver que los resultados eran negativos. Incluso así, la relación con mi esposo era mucho mejor. Casi siempre, las peleas eran entonces por cosas pequeñas, cotidianas y, por lo general, él era menos frío o al menos eso creía yo. Tal vez sólo me había acostumbrado...

Después de haber intentado por seis meses, por fin, un buen día la prueba de embarazo salió positiva. No lo podía creer, era la mujer más feliz del mundo. Todo mi embarazo fue súper fácil, no sufrí de náuseas ni ningún otro síntoma desagradable; sólo mi barriga crecía y crecía. Y mi felicidad también.

Sin embargo, aunque mi esposo era menos frío, nunca me trató como sé que se trata a las mujeres embarazadas. Yo no supe ni de atenciones ni de antojos cumplidos. Jamás tuvo ninguna consideración hacia mí; incluso , ni la panza me quería tocar, cuando el bebé me pateaba y yo, emocionada, quería compartirlo con él. Decía que le daba asco, que sentía muy raro que "algo" se moviera. A pesar de que yo lo entendía, aunque no del todo, eso no significaba que no me hubiera hecho falta que él se involucrara más.

Añoraba que me tratara como había visto que trataban sus maridos a mis amigas embarazadas; que me consintiera, que me comprara cosas especiales, que viviera pendiente de mí o del bebé; que me preguntara cómo me sentía. Pero nunca sucedió nada de eso. Por supuesto que eso no lo hacía un mal esposo ni un mal padre; pero yo tenía la esperanza de que el embarazo y el bebé ahora sí nos iban a unir más. De que ahora sí sería cariñoso y respetuoso. De que dejaría de ser cruel conmigo. Como muchas mujeres, yo no fui la excepción en creer que en un matrimonio, un bebé o una casa nueva pudieran mejorar una mala relación, como la nuestra.

Sin embargo, cuando nació mi bebé los dos, tanto él como yo, estábamos felices con nuestro hijo y queríamos lo mejor para él; lo cuidábamos y dábamos todo el cariño y atención posible. Eso fue al principio, al menos...

Abuso intrafamiliar: abuso emocional

Existen varios tipos de abuso, pero yo, en esa época, no lo sabía. A veces sentimos esperanza o deseo de que ya no nos griten, de que no haya amenazas ni objetos estrellados contra la pared y, a veces, esto se da, pero sólo por un tiempo, como cuando nació mi hijo. Pero luego, como me sucedió, retorna el abuso en todas sus manifestaciones. Después de un período de calma, insidiosamente se instala en nuestra relación el abuso emocional, para ir poco a poco subiendo de intensidad y resurgiendo con fuerza, acompañado de abuso físico o sexual, o de ambos. Y aun así, la esperanza de que algún día él cambie y todo mejore, inexplicablemente, sigue viva.

Fue maravilloso convertirme en madre, pero a la vez fue muy difícil tener absolutamente la carga completa de trabajo sólo para mí. Mi esposo se iba a su trabajo y sus expectativas de una esposa perfecta eran que limpiara, cocinara, lavara la ropa y cuidara al bebé yo sola. Todo, yo sola. Y que fuera yo quien se despertara en las noches, lo cambiara siempre, lo llevara a sus citas de doctor y lo atendiera en todo momento y en cualquier circunstancia. Y lo hice todo, absolutamente todo, sin un gramo de ayuda, ya que toda nuestra familia vivía en Saltillo y él no dejaba que mis nuevas amigas de Denver se acercaran siquiera para echarme la mano en algo.

Yo quería cumplir con esas expectativas y no me quería quejar de nada, pero a veces ya no podía del cansancio y le pedía que me ayudara; en raras ocasiones lo hacía, casi siempre de mala gana. Era "mi deber", sólo mío. Él no tenía por qué molestarse con cosas de mujeres, que no le correspondían. En muchas ocasiones me preguntaba:

—¿Cómo le hacen todas las mamás? ¿Por qué te quejas? Las esposas de mis amigos están en la misma situación que tú y no creo que necesiten ayuda. No se la pasan chillando y lloriqueando como tú. A ver si aprendes a hacer algo bien.

Recuerda:
Al estar tan involucradas en una relación controladora, en ocasiones no nos damos cuenta de que admitimos situaciones inadmisibles.

Me frustraba no poder contar con él ni siquiera para que me dijera unas palabras de aliento. Pero al final del día, después de unas horas de descanso, amanecía con ganas de ahora sí hacerlo bien, con las pilas puestas para seguir sacando adelante las tareas del día. Y de nuevo la rutina se iniciaba.

Nueva rutina en San Antonio

Cuando mi hijo tenía siete meses de nacido, y ya estaba yo acoplada a la ciudad de Denver, con un grupo de amigas cada vez más grande y por fin adaptándome, una tarde llegó mi esposo con otra noticia:

—Nos vamos a San Antonio.

Esa vez tampoco me había consultado nada. Las grandes decisiones siempre las tomaba él solo. Y así, sin más ni más, volvimos a empacar todo y nos fuimos a San Antonio. No quería hacerlo, pero no me opuse.

En esa nueva ciudad para mí tuve la oportunidad de conocer nuevas amigas y disfrutar una nueva etapa, a pesar de todos los inconvenientes. Al principio no había sido fácil, pero pensé: "Marcela, si ya lo hiciste una vez en Denver, lo podrás hacer de nuevo en San Antonio".

Posiblemente fue por el cambio o no me explico el porqué, pero la relación con mi esposo comenzó a deteriorarse una vez más. Tal vez fue porque pasábamos más tiempo juntos y había más fricciones. En San Antonio él trabajaba desde la casa, en donde había acondicionado una recámara para su oficina. Ahora lo tenía junto a mí día y noche. Y así, la tensión entre nosotros fue creciendo cada vez más, ya que me cuestionaba todo, absolutamente todo lo que hacía. Tenía que darle cuentas de cada minuto de mi día y hasta de cada llamada que hacía. Todo el día se lo pasaba en la casa, y los fines de semana no quería convivir con nosotros porque estaba muy cansado y la pasaba frente al televisor todo el tiempo.

Empecé a notar una actitud rara más aún: estaba mucho más irritable que antes y cualquier cosa lo hacía enojar. Se encerraba en su cuarto y literalmente me corría de la casa con el pretexto de que, con toda seguridad, el niño quería salir. Y con tal de no pelear más, me salía con mi bebé, aunque no tuviera ganas o estuviera muy cansada. Prefería cualquier cosa antes que una nueva discusión... Porque cualquier discusión podía acabar mal. Así que, con tal de no llevarle la contraria llegué al punto de no cuestionarme cómo me trataba; es más, ni siquiera era capaz de reconocer el grado de violencia emocional al que me veía sometida.

Recuerda:
El abuso que es más difícil de detectar es el emocional.

Una violencia psicológica que ahora reconozco que era muy extrema. Recuerdo una ocasión en que me hizo sentir como la persona más repulsiva del mundo. Esa vez me había comprado una nueva crema de noche para el rostro. Me la apliqué sin haber leído cuidadosamente la etiqueta de ingredientes y la crema tenía miel de abeja, a la que soy alérgica. Entonces, a los diez minutos me empezó a salir una erupción muy severa en toda la cara: tenía la piel inflamada, completamente cubierta de puntitos rojos y me ardía, como si me estuviera quemando. De inmediato tomé un antihistamínico, para contrarrestar la reacción alérgica y me puse fomentos de agua fría, pero no fue de mucha ayuda. En cuanto mi marido me vio, hizo una mueca de asco y me regañó, diciéndome que era una estúpida por no leer las etiquetas de las cosas que compraba. Luego agregó:

—Ni creas que vas a dormir en mi cama con esa cara. Te ves asquerosa y, mientras estés así, no te quiero cerca de mí.

Me quedé pasmada. ¿Cómo podía decirme eso? No podía eliminar en un segundo la reacción alérgica ¿En dónde se suponía que iba a dormir entonces? Por un instante, pensé que estaba bromeando, pero en seguida me di cuenta de que iba en serio: me dio mi almohada y me echó de la habitación cerrando la puerta. Yo me quedé en el pasillo, sin saber qué hacer. Incrédula.

—Vete al sofá.

Me ordenó a través de la puerta. Preferí, una vez más, no discutir. Y dormí en el sofá las siguientes tres noches.

Abuso intrafamiliar: abuso físico

Con el tiempo, no sólo trataba de evitar las discusiones, que emocionalmente me estresaban y me agotaban, sino que aprendí a esquivar los objetos que me lanzaba mi marido cuando se enfurecía y empecé a temer los empujones y los jalones que me daba. En medio de una discusión, a veces me sujetaba de un brazo, me apretaba con fuerza y me jaloneaba en todas direcciones, mientras acercaba mi cara a la suya, hasta sentir su aliento, gritándome e insultándome.

Otras veces era peor, porque me aferraba la nuca, inmovilizándome y sometiéndome. Lo peor era que parecía disfrutar verme así, inmóvil y aterrada, con una mueca de dolor en el rostro. Por lo general, me atenazaba el brazo o me jaloneaba de la nuca, luego me soltaba con violencia, empujándome contra la pared. Era en esos momentos cuando me paralizaba de miedo, y aprendí a dejar de discutir, porque temía hacerlo enojar más y que me lastimara aún más, que me arrojara por las escaleras o me abriera la cabeza. Ya era suficiente con que me dejara marcados los dedos en los brazos, lo que sucedía con bastante frecuencia: me acostumbré a usar manga larga. También aprendí a que era mejor no tratar de defenderme, porque las cosas resultaban mucho peor. En la única ocasión en que intenté hacerlo, las cosas se salieron de control y la pelea terminó mal. Esa vez recuerdo que era media tarde y el niño dormía la siesta. Yo estaba en la cocina, empezando a preparar la cena. Entonces mi marido llegó a casa más temprano que de costumbre y en seguida supe que estaba de pésimo humor, por el portazo que dio al cerrar la puerta cuando entró. De inmediato, empezó a reclamarme a gritos que había juguetes del niño tirados por toda la sala. Era obsesivo de la perfección y el orden de la casa y se molestaba cuando había algo fuera de su lugar. Habíamos estado jugando toda la tarde y yo aún no había recogido el tiradero, ya que primero me había dedicado a llevar al niño a su habitación y a poner a cocer lo que cenaríamos. Estaba poniendo unas papas en la olla exprés, de esas ollas enormes y pesadas de acero inoxidable, y tenía la tapa en

Recuerda:

Las marcas físicas del abuso se borran con más facilidad que las que deja el abuso emocional en tu alma.

la mano justo en el momento en que él entró en la cocina dando de gritos:

—¿Qué no te has dado cuenta del desastre que hay en la sala? ¿Eres pendeja o ciega?

Avanzó hacia mí, supuse que estaba dispuesto a sujetarme y arrastrarme a la sala.

Entonces, sin pensarlo, instintivamente puse la tapa frente a mí, como un escudo, para evitar que me aferrara del brazo. Eso lo hizo enfurecerse aún más.

—¿Me vas a pegar con eso o qué? —me gritó. Y trató de arrebatarme la tapa. Pero yo lo esquivé, y con esa maniobra le pegué por accidente en la cabeza. No fue a propósito ni fue muy fuerte, pero le pegué y entonces él estalló y yo me aterroricé. Para ese momento yo ya no quería y no podía soltar la tapa, la tenía aferrada contra mi pecho, con mis dos manos, y mi marido, enloquecido de rabia, trataba de arrebatármela, sujetándome por la espalda. En el forcejeo, fuimos dando tumbos desde la cocina hasta el comedor y ahí chocamos contra el mueble que guardaba la vajilla de porcelana, los cubiertos y las copas de cristal. Era un mueble de madera sólido y pesado, pero aun así fuimos capaces de derribarlo. Los cubiertos, la vajilla y las copas se cayeron del mueble, uno tras otro, en una catarata de objetos, y se estrellaron estrepitosamente contra el suelo. Todo lo que era de porcelana o cristal se hizo añicos, en medio de un estruendo que me pareció ensordecedor y que lograba tapar los gritos de mi marido. El ruido nos sacó del trance violento en el que nos habíamos enfrascado. Ambos nos detuvimos y sólo en aquel momento pudimos ser capaces de ver los escombros esparcidos por todo el comedor. Entonces él me soltó arrojándome al suelo, yo solté la tapa y el forcejeo terminó.

—¡Estás loca! —me dijo—. Y más te vale que levantes este desastre, pero ya.

Y se marchó para encerrarse en su estudio.

Yo permanecí de rodillas en el suelo, respirando con dificultad, escuchando el jadeo de mis pulmones, sin poder aguantarme las lágrimas que me ardían sobre las mejillas. Sólo podía agradecer que mi hijo no se hubiera despertado con el estruendo del mueble al caer; que no hubiera visto la pelea, pues yo sentía que, a pesar de su corta edad, esas escenas le harían daño.

A partir de entonces, no volví a oponer resistencia.

En esa época, sin aceptar la gravedad del problema, empecé a seleccionar mi ropa por las mañanas, en función de dónde estaban ubicados los moretones en mis brazos. Si habíamos tenido una pelea y había marcas de por medio tenía que ocultarlas. A veces, aunque hiciera calor, no podía usar una blusa o camiseta de tirantes, sino que tenía que usar una manga a una altura apropiada para cubrir las marcas y que otras personas no las notaran. La manga larga era preferible entonces.

En pocas ocasiones, mi marido mostró cierto arrepentimiento por los moretones que me dejaba, pero, en otras, alzaba las cejas y ladeaba la cabeza, mientras me decía:

—¿Ves?, tú me provocaste.

Y el que me culpara a mí por su comportamiento, que me hiciera a mí responsable de la violencia que ejercía, hacía que yo sintiera una mezcla insalubre de rencor, tristeza y miedo. Lo peor es que llegué a cuestionarme si era cierto que yo provocaba el maltrato, si mi comportamiento imperfecto hacía salir su lado más oscuro, si yo debía de ser más prudente y no provocarlo.

Abuso intrafamiliar: abuso sexual

A pesar de nuestras peleas casi cotidianas por cosas minúsculas, en la noche siempre quería tener relaciones sexuales y, por muy enojados que estuviéramos, él siempre me buscaba en la cama. Y yo accedía sin protestar. Eso llegó a ser un gran problema para mí, pues yo le guardaba mucho rencor por las cosas que me decía o me hacía durante el día, por los jaloneos y los empujones, y me sentía totalmente ofendida cuando ni una disculpa recibía antes de acostarnos y él quería tener intimidad. Llegué a tener verdadera repulsión por él. Yo no podía creer que si en el pasado el sexo era algo que relativamente nos había unido, en esa época se estaba convirtiendo en mi peor pesadilla. Al hacer el amor, él no estaba presente; era como si sólo su cuerpo estuviera ahí, pero su mente definitivamente estaba en otro lugar. Es difícil describirlo con palabras, pero me sentía totalmente usada.

Recuerda:
El abuso sexual deja a la mujer sintiéndose traicionada y sucia.

Había días buenos, pero ésos llegaban generalmente después de las peleas e insultos, así que era muy difícil saborearlos. Sobre todo porque sabía que, tarde o temprano, la tormenta se desataría de nuevo. Ahora que ha pasado el tiempo, recuerdo esos días de felicidad empañados siempre por una sombra: la certeza de que las peleas y los gritos regresarían después de un período de calma.

Para ese entonces ya teníamos muchos años juntos. Me había acostumbrado a tales altibajos, ya no me extrañaban, casi los consideraba normales, pues ya eran parte de mi vida. Quería convencerme de que así era el matrimonio, que así era la vida de parejas de casados y que, por consiguiente, debía aguantar. De lo que sí estaba plenamente consciente era de que mi esencia seguía intacta, pero mi carácter había ya cambiado: yo también me volví más intolerante a sus manías y, casi sin notarlo, en mi corazón me alejaba poco a poco de él.

Y el círculo vicioso vuelve a empezar: gritos, pleitos, amenazas

Viviendo en San Antonio todos esos cambios en la relación con mi marido, volví a embarazarme y, aunque no era un embarazo planeado, me llenó de alegría el saber que me convertiría en madre por segunda ocasión. A los pocos meses nos enteramos de que era una niña. No cabíamos de la emoción: se nos cumplía el deseo de muchos papás de tener la parejita.

Ilusionada, esperando a mi princesa, pasaba mis días de embarazo decorando su recámara, comprándole ropita e imaginándome cómo sería.

Durante el embarazo, y debido a las hormonas, comencé a ser más sensible a cualquier pelea y lo único que deseaba era sentirme amada. Y, sobre todo, a no tener miedo. Lloraba por todo y me había convertido en una esposa muy celosa. Pero tuve que aguantarme mis celos y aprender a lidiar con ellos; también tuve que olvidarme de palabras bonitas, pues éstas jamás llegaban y fui formando una coraza alrededor de mi corazón para ya no sufrir.

Por fin, un día llegó el momento tan esperado, el nacimiento de mi hija. Ya estaba lista para recibirla y estaba emocionada y feliz. Pero mi felicidad se vio en parte estropeada. Uno de los recuerdos más claros que tengo de ese día fue una discusión que tuvimos mi esposo y yo camino al hospital. Él no tenía consideración de absolutamente nada más que sus intereses. Lloré los 40 minutos al hospital gracias a él.

La discusión, como casi todas las que teníamos, era innecesaria. Mi mamá estaba de visita con nosotros; había venido de Saltillo sólo para ayudarnos y acompañarnos en ese momento tan importante para mí. Ese día, antes de salir de la casa, escuché que mi esposo le estaba hablando en un tono que no me gustó. Le decía:

—No quiero que tenga la televisión prendida todo el día. ¿Oyó bien? Esta televisión no es como las que tienen en su casa. Ésta sí es buena y me costó muy cara.

A mí me pareció la cosa más estúpida que había escuchado y al subirnos al auto le pedí una explicación. Su respuesta fue la misma:

—Esa televisión cuesta mucho dinero y ni tu mamá, ni tus hermanos, ni tú saben cómo se usan los aparatos caros. No los conocen: en la pocilga en que viven nunca han tenido cosas caras. Por eso no saben cómo cuidarlas.

Y así continuó; siguió insultándome a mí y a mi familia. Yo no me quedaba callada y le contestaba, aunque jamás insulté a su familia.

Todo esto pasó camino al hospital y, a pesar de la preocupación que yo sentía por el parto que se presentaría de un momento a otro, recuerdo que alcancé a pensar: "Algún día lo tengo que dejar y ser feliz por mí misma". No podía parar de llorar. Y en esos momentos, más

Recuerda:

La agresión contra tus seres queridos tiene por objeto básicamente lastimarte a ti.

que nunca, me sentí atrapada en una relación que sabía que jamás cambiaría, que me estaba haciendo daño. Atrapada en un matrimonio infernal, con un niño de tan sólo dos añitos y una bebé que estaba a punto de nacer.

Mi hija nació perfectamente bien, hermosa y muy sana. A los tres días regresamos a casa, con nuestra bebé, mi hijo, mi mamá y mi esposo. Yo, con nuevas esperanzas de ahora sí tener una vida mejor; estaba ansiosa por llegar a casa y empezar una nueva etapa.

Ilusionada, me senté a su lado en el auto. Todavía con pijama y pantuflas, cansada y adolorida, pues, aunque mi hija había nacido por parto natural, en esta ocasión me sentía aún más adolorida que la anterior. De cualquier forma, iba con esperanza y feliz por la nueva bebita. Sin embargo, la esperanza me duró muy poco: casi al llegar a casa, mi esposo se estacionó frente a una nevería, a pesar de que yo estaba en pijama y adolorida, con una bebé recién nacida en su sillita en el asiento trasero. Lo único que quería en ese momento era llegar a casa. Se bajó a comprar nieve y me preguntó de qué sabor queríamos. Yo no quería nieve o helado en ese momento, pero le pedí uno de chocolate para el niño, y uno de vainilla con caramelo y nueces para mi mamá. En eso, se me quedó viendo y enojado me dijo:

—¿Por qué tienes que complicar todo? Yo no sé qué helado es ése. Bájate tú.

Me dio una rabia terrible. Increíblemente estaba enojado por un helado y me estaba pidiendo que me bajara a comprar el helado yo misma. Aun cuando no debí hacerlo, lastimada, agotada, en pijama y caminando como alguien que acaba de dar a luz, me bajé yo misma a comprar la nieve. Cuando subí al auto, por el retrovisor, vi a mi mamá llorando: sentía impotencia de ser testigo del maltrato que su hija recibía. Y frustración porque también era testigo de que yo lo permitía. Aparté la vista de la mirada de mi madre y me hundí en mi asiento, aguantándome las lágrimas. Y así, mi alma cada vez se hacía más y más amarga por culpa de mi marido; me sentía desconsolada y completamente sola, a pesar de estar acompañada.

Debido a los cambios hormonales, y probablemente por mi situación sentimental, entré entonces sí en una terrible depresión posparto. Nada me consolaba. Lloraba día y noche, me sentía atrapada en mi propio cuerpo; quería correr, correr, correr y nunca regresar. Y así pasaron dos meses. Para entonces, mi madre había regresado a México, mi marido estaba distante como siempre y menospreciaba mi depresión, así que me sentía cada vez más sola. No sabía qué hacer. Un día, desconsolada y desesperada, llamé a mi doctor y con un nudo en la garganta le conté mi situación a la enfermera. De inmediato, me citaron al día siguiente para platicar.

Y en efecto, me diagnosticaron depresión posparto y en seguida me recetaron en tratamiento con medicamentos específicos. Me explicaron que empezaría a sentirme mejor tal vez en seis semanas. Yo no tenía seis semanas, yo quería sentirme bien ya, en ese instante: tenía dos chiquitos en casa que me necesitaban al 100 por ciento. Pero sin poder hacer nada al respecto, más que seguir al pie de la letra las indicaciones del médico, empecé con mi medicamento ese mismo día con la esperanza de sentirme mejor pronto. Lo más pronto posible.

Recuerda:
La angustia y la depresión provocadas por el abuso requieren ayuda profesional.

¿Será que la vida es otra lejos de él?

En aquella época, mis papás tenían entonces una casa a la orilla del mar en Tampico y me invitaron a pasarme un tiempo con ellos, desesperados por ayudarme e impotentes al estar tan lejos. Mes y medio después y sintiendo un poco de fuerza, decidí irme a pasar una temporada con ellos. Empaqué maletas, preparé documentos y junto a mis dos bebés, me embarqué en ese camino, rumbo a la sanidad.

Al llegar a Tampico mis papás nos recibieron con mucho entusiasmo y mucha alegría por tenernos cerca. Lo único que querían era que me sintiera querida, apoyada y cuidada. Yo lloraba y lloraba: tanta atención, tantos cuidados y ayuda era algo ya desconocido para mí. Por las mañanas me despertaba con el aroma a café. Mi papá se levantaba muy temprano y me preparaba una taza de café que le llevaban de Córdoba, y nos lo tomábamos solos, él y yo, mientras los niños aún dormían. Luego nos íbamos a la playa a hacer nuestra caminata matutina; caminata que siempre hacíamos cuando aún vivía con ellos y estábamos de vacaciones, ya fuera en la playa o en el campo. Platicábamos de la importancia de quererse uno mismo, de crecer y de luchar por lo que uno quiere. Mi padre es un hombre muy inteligente y con un hambre real por aprender cosas nuevas todo el tiempo, verdaderamente admirable. Había cambiado mucho en los últimos años, para bien.

En esas caminatas matutinas me enseñaba, o más bien me guiaba, sobre cómo encontrar mi "lugar especial", al que yo le llamo mi *happy place*. Es el lugar en la mente en donde uno se siente feliz, radiante, exitoso, lleno de amor y con una paz absoluta. Cada mañana, con su ayuda, visitaba ese lugar tan especial en mi mente, en donde me veía como la mujer que siempre había querido ser, con esa felicidad y amor que siempre había añorado tener y que sólo podía vivir en esos momentos ahí, en mi mente.

Después de caminar en la orilla del mar, con una brisa deliciosa en la cara, siendo testigo de la hermosa maravilla del mar y con la mejor música de fondo: el sonido de las olas, regresábamos a la casa de mis padres. Ahí, mi mamá ya preparaba un delicioso desayuno, con fruta recién cortada y con la mejor sazón del mundo, que no se compara ni tantito con los restaurantes más caros. Era la sazón de mi madre. Incomparable.

Poco a poco me empecé a sentir mejor, lloraba menos y reía más. Mis hijos estaban completamente felices y libres en tan hermoso paraíso. Ese viaje salvó mi vida; fue como despertar después de haber estado en coma durante años. Saboreé de nuevo lo que es una vida tranquila, en paz, feliz y sin esa terrible preocupación y angustia que había estado viviendo por años y años. Ese desasosiego constante de no saber en qué momento se desataría una discusión, una pelea, un jaloneo que me lastimara. Ese estrés por sentir que nunca hacía nada bien, que nunca nada de lo que hacía era suficiente...

Me quedaba muy claro que tenía que cambiar mi situación, que mi vida debía tener un rumbo diferente; pero aún no era el momento. Y, a pesar de que no quería regresar a mi realidad, tenía que hacerlo. Así que al mes, como estaba planeado, tuve que regresar a mi casa en San Antonio; a mi pesadilla, a la vida de la cual no sabía cómo escaparme.

Regresaba a lo mismo, pero con una actitud distinta. Con la mente clara. En tan sólo unas semanas había recuperado un poco de esa chispa que tenía cuando era una jovencita y quería más... ❣

Indiferencia, nueva estrategia

Al regresar a San Antonio estaba decidida a no escapar de mi realidad, sino a cambiar nuestra relación y, así, cambiar mi vida. Hacerla mejor, tolerable. Tal vez, hasta feliz. En el tiempo que estuve en Tampico me había convencido a mí misma que, a pesar de lo mucho que a veces él me hacía sufrir, no era su intención y terminé aceptando que ése era su carácter. Por eso, considerando que así era mi marido, quería empezar de nuevo, con otra perspectiva: tenía un niño de dos añitos y una bebecita de tan sólo tres meses que necesitaban a sus papás juntos.

Me acostumbré a andar sola, a ir y venir con mis dos niños a todas partes sin contar con él. Mi esposo sólo quería quedarse en casa y pasar su tiempo libre frente al televisor. A pesar de que me sentía muy sola, por más que le insistía que pasara tiempo con nosotros, nunca lo hacía. Si lograba convencerlo de que saliéramos todos juntos a algún sitio, iba de mal humor y todo el tiempo nos apresuraba para regresar lo antes posible a casa. Y tantas veces pasó lo mismo que terminé por aceptar que ese comportamiento también era parte de su carácter. Así que prefería no insistirle, porque sabía que la pasaría mejor sin él. Entonces, nuestra relación sí empezó a cambiar, pero no para bien como yo hubiera deseado. Nos fuimos distanciando cada vez más y las pocas ocasiones en que estábamos juntos, las peleas eran más amargas. Y, para empeorar todo, yo resentía el hecho de que los fines de semana mis amigas estaban ocupadas con sus respectivos maridos cariñosos, mientras yo parecía mamá soltera, siempre sola. En ese entonces empecé a correr de nuevo y a prepararme para carreras y triatlones. Parecía que el ejercicio era mi única manera de sacar mi frustración y desesperación, y cada vez que peleábamos, quería salir corriendo, correr, correr y jamás regresar.

La actitud de mi marido era cada vez más extraña. Ya no era tan posesivo. Parecía no importarle qué hacía o a dónde iba; estaba más irritable de lo normal.

Como él trabajaba siempre desde la casa empecé a notar actitudes aún más raras en su comportamiento; por ejemplo, no quería ser interrumpido en su oficina. Si por algún motivo entraba a donde él estaba trabajando, él se ponía nervioso y cerraba su laptop.

Continúa el abuso sexual

Seguido hacía viajes de trabajo y, cuando estábamos en casa, con frecuencia me animaba a salir; casi me obligaba. Me decía que me fuera con los niños, que me los llevara de ahí porque tenía llamadas que hacer. Su conducta se hacía cada vez más rara, si es posible decir esto. Además, sus preferencias sexuales habían cambiado. Desde hacía mucho tiempo, hacer el amor con él parecía como si no estuviera presente, una sensación que siempre me había parecido extraña. Pero ahora le gustaba ser más agresivo y me pedía hacer cosas que jamás había hecho.

Recuerda:
Hay muchas manifestaciones de abuso sexual.

Comencé a sospechar de infidelidad. No podía creer que, para colmo, ahora esto me estuviera pasando precisamente en ese momento, cuando más atada en la relación me sentía: sin trabajo, sin experiencia profesional, sin permiso laboral en Estados Unidos y con dos niños chiquitos que demandaban toda mi atención.

Un día después de que mi marido había regresado de Canadá de un viaje de negocios y mientras él cortaba el pasto, decidí hacer algo que nunca debe hacerse: le revisé su maleta, su cartera y su portafolios. Lo que encontré me dejó helada. En su cartera tenía varios recibos, entre ellos dos que llamaron mi atención: uno de $350 dólares y el otro de $60 dólares. Muy intrigada, me preguntaba de qué podían ser... Él se había convertido en una persona sumamente ahorrativa, en los últimos tiempos jamás gastaba en restaurantes ni en entretenimiento, al menos no conmigo. La generosidad que mostró cuando éramos novios, cuando me llevaba a buenos restaurantes, a espectáculos musicales y a bares, había quedado atrás. Así que ahora estaba intentando imaginar de dónde eran esos recibos y estaba decidida a averiguarlo.

En el primer recibo de los que encontré no decía nombre del negocio, pero tenía un teléfono con código de área del extranjero. Con el corazón latiendo a mil por hora y un nudo terrible en el estómago, marqué el número de teléfono y me contestó una mujer, "*Golddiggers*" o algo así. Con mi inglés imperfecto, entonces todavía con acento, le pregunté:

—Y ¿qué es lo que venden en ese lugar?

A lo que respondió de una forma cortante:

—*We sell lap dances, this is a stripclub.*

Eso sí lo entendí: "Vendemos bailes privados, éste es un cabaret".

Sólo pude contestar:

—*Thank you* —y colgué.

La sangre se me fue al piso. Jamás había sospechado ni imaginado que él fuera a gastarse nuestro dinero en uno de esos lugares. Con las manos temblando marqué al otro lugar, en donde se había gastado $60 dólares. Ése era un teléfono local del área de San Antonio. En cuanto me contestaron supe exactamente de qué se trataba: era un *adult video* y colgué sin ni siquiera poder preguntar nada.

Al revisar su portafolios encontré varias películas pornográficas, con imágenes realmente impactantes en las portadas. No sé lo que sentí en esos momentos. No puedo explicarlo. Fue devastador.

Por un lado, sabía que no era otra mujer en especial, lo cual era un alivio en cierta forma. Pero por otra parte sabía que eran cientos de ellas las que ocupaban su mente. No una sola, como yo había creído. Y en ese momento se me vinieron miles de imágenes a la cabeza, imágenes que no podía quitarme de la mente.

Sin respiración, con la voz temblando y un nudo en el estómago, salí al jardín en donde él seguía cortando el pasto y con los recibos en la mano le pregunté:

—¿Qué es esto?

Su expresión me lo dijo todo; se quedó helado. En ese momento y sin pensarlo, le grité, reclamándole. Le dije que agarrara sus cosas y que no quería saber nada de él. Mi marido iba detrás de mí por toda la casa para tratar de tranquilizarme; mientras yo, enfurecida de rabia y de dolor, lloraba como loca.

Trataba de darme mil explicaciones, que en verdad ni recuerdo. Yo jamás había sentido eso. Y sólo recuerdo que me explicaba que el asunto no era "tan grave", que me calmara y que, además, todos los hombres lo hacían.

Más pornografía

No era únicamente el dolor y el asombro; era confusión y dolor, cada vez más dolor. Por mi mente pasaban muchas dudas. Me preguntaba a mí misma: "¿Será cierto? ¿Será que todos los hombres van a los cabarets y ven pornografía a espaldas de sus esposas? Mi marido, ¿pensará en ellas mientras me hace el amor a mí? ¿En qué le he fallado? ¿Será que ya no le gusto? ¿Soy tan poca cosa que conmigo ahora jamás se gastaría ni $100 dólares en una cena y en esos lugares sí lo hace con cualquier mujer y se gasta mucho más?

Esas preguntas y mil más me atormentaban. Le pedí que me dejara a solas, necesitaba asimilar lo que acababa de pasar. Después de un par de horas y ya más tranquila, salí de mi cuarto y acepté platicar con él. Quería una explicación, necesitaba una.

Recuerda:
Obligar al uso de pornografía es una forma de abuso sexual.

Esa noche fue la primera vez en años que lo vi sincero, vulnerable y dispuesto a hablar para solucionar el problema. Ésa era la primera vez que estaba en el banquillo de los acusados;

lugar que usualmente yo ocupaba con sus regaños. Tuvimos una conversación que yo creía sincera; me dijo lo que él necesitaba de mí y yo de él. Me explicó que todos los hombres, por lo menos los que él conocía, veían pornografía, y que iban a los cabarets a ver mujeres desnudas.

—Yo soy de los pocos que casi no va. Te lo aseguro; pero si esto te molesta, entonces ya no lo haré más. Te lo prometo.

Al ver que yo empezaba a flaquear, continuó:

—Quedemos en un acuerdo: yo dejaré de comprar pornografía y sólo iré al *stripclub* cuando de plano no pueda zafarme por cuestiones de trabajo. Ya sabes que a veces hay que llevar a algunos clientes...

Hablamos durante mucho tiempo. Le expliqué que yo necesitaba ser tratada con más respeto; que debía tener más atención para mí y para los niños. Le dije que no podía con todo, su mal humor, sus maltratos, su indiferencia y, además, con eso de la pornografía... No estaba dispuesta a aceptar nada de esa porquería.

—Ya no puedo con nada más.

Ese mismo día le di un ultimátum:

—Si las cosas no mejoran definitivamente me voy a ir. Que te quede claro. Hoy tenemos que comenzar una nueva etapa. Digamos que estamos tratando de empezar de cero y que todavía tengo esperanzas en que tu arrepentimiento y tus promesas sean ciertos.

Todo fue arrepentimiento y promesas en ese momento y la situación sí cambió por unos cuantos días. No obstante, la ansiedad pronto se le empezaba a notar y volvió a estar irritable de nuevo.

Dos semanas después, usando la computadora, me di cuenta de que en el historial de sitios consultados de ese día había varias páginas de pornografía y lo demás estaba borrado. Sentí una vez más un nudo horrible en el estómago y una decepción inmensa. Al confrontarlo y preguntarle que por qué lo seguía haciendo, se enojó muchísimo y, a su vez, me reclamó:

—Y tú, ¿por qué tienes que estar revisando la computadora? ¿Quién te crees? Ése es mi problema. Deja de estar chingando con esto. Fíjate bien: si se me da la gana, yo puedo hacer y ver cuanta pornografía quiera.

Me explicó que en verdad se había esforzado, pero que le estaba costando mucho trabajo y que, entones, poco a poco y a su tiempo iba a hacer los cambios necesarios. Me prohibió tocar el tema de nuevo. Devastada, salí de la oficina y me fui a manejar para intentar despejar la mente y encontrar las respuestas que me carcomían, ¿qué más podía yo hacer? Ya se había dado por vencido ¿en qué?, ¿había reconocido que hacía uso de la pornografía y no le importaba reconocerlo? Pero darse por vencido significa debilidad, y él había salido victorioso y no sentía remordimiento alguno, al contrario, me tachó de loca.

Cuando alguien nos da la esperanza de que las cosas van a cambiar, o que por lo menos va a hacer el intento y va a trabajar en eso, una se siente mejor. Puede una entender que los cambios no se hacen de la noche a la mañana y se siente capaz de apoyar a la pareja, sabiendo que está haciendo un esfuerzo. Cuando nos quitan ese granito de fe de que las cosas van a cambiar, es devastador. Eso significa que la persona que tiene que cambiar es una misma.

Recuerda:
Es muy doloroso aceptar como "normales" cosas que nos lastiman y que para nosotras no son "normales".

Intenté dejar el tema de la pornografía de lado por algún tiempo, pero la verdad estaba muy inquieta. Nunca me hubiera podido imaginar que un tema así me pudiera afectar tanto. La pornografía es un tema muy difícil de tocar; para empezar es un tabú en nuestra sociedad y no es fácil describir los sentimientos de inseguridad que causan en la pareja. Me atrevería a decir que, a fin de cuentas, descubrir que el propio esposo tiene una adicción así se compara, sentimentalmente, a una infidelidad.

Cada una de las etapas vividas a su lado fueron difíciles, pero ésta en particular era muy dura para mí. Cuando al principio me di cuenta de la pornografía y de las *strippers*, no sabía de qué magnitud era el problema que se me acababa de presentar. Inicialmente pensé que no era tan malo como si tuviera una amante; que tal vez era algo esporádico, pero pronto me di cuenta de que no era así. A pesar de sus promesas de solucionar el problema y de las esperanzas que tenía en que de verdad lo hiciera, a la larga comprendí que mi marido no tenía intenciones de cambiar. Al revisar los estados de cuenta, ya que compartíamos la misma cuenta los dos, sólo que yo nunca los revisaba, vi que había un sinnúmero de transacciones, tanto para videos como para *stripclubs*. Con tristeza comprobé que mi marido seguía, y aun con más intensidad, con el asunto de la pornografía. Ya en ese punto estaba completamente decepcionada y sin esperanzas de cambio.

Abuso emocional, físico y sexual: todo a la vez

Un mes después, agobiada por la situación, decidí revisar de nuevo su maletín de trabajo, porque su computadora siempre tenía todo, absolutamente todo. Tenía el historial de navegación borrado de su computadora, pero esa vez encontré dentro del maletín cajas de videos pornográficos, con mujeres en la portada, muy jovencitas, tal vez de tan sólo unos 18 años. ¿Chicas de apenas 18 años? El estómago se me revolvió, me dieron arcadas y tuve que ir al baño por las náuseas. Desesperada, no me pude contener y lo volví a confrontar:

—¿Cómo es posible que sigas con lo mismo? A ver, explícame: ¿en qué has cambiado? ¿A qué te refieres si aquí está la muestra de que sigues en lo mismo?

—Ya dejé todo y estoy cambiando. Y sé bien de qué hablo. Tú no tienes ningún derecho a buscar entre mis cosas.

Y cuando finalmente, llorando y muy enojada, le dije con el video en la mano:

—¡Qué bueno que estás cambiando!

Me lo arrebató de la mano, me volvió a reclamar que yo no tenía nada que hacer buscando entre sus cosas.

Llorando e histérica de desesperación y frustración, me fui al piso de arriba y entré al baño a seguir llorando. Al entrar le di una patada la puerta, queriendo sacar un poco de frustración reprimida, desahogarme de alguna manera. La puerta, casi de papel, se rompió y quedó un enorme agujero en la parte inferior. Inmediatamente oí que venía subiendo las escaleras, furioso, ya que además de su mal carácter también tenía una obsesión de que la casa estuviera perfecta e impecable. Me dio mucho miedo verlo venir así de enojado, cada vez más cerca, gritando mi nombre; así que traté de encerrarme en el baño, sin poder dejar de llorar, pero ahora de pánico. Lo escuché detrás de la puerta, resoplando e intentando abrirla. Al ver que estaba cerrada, se enfureció aún más y escuché cómo se arrojaba sobre la puerta para abrirla a la fuerza con el peso de su cuerpo. Entró al baño abruptamente, me sujetó del brazo con fuerza y me empezó gritar, mientras me sacudía:

—¿Qué te pasa, pinche loca? ¡Mira lo que hiciste!

Entonces, con la otra mano me tomó por la nuca apretándome con saña y, como si fuera un perrito que tiene que oler su popó para que no vuelva a pasar, me obligó a agacharme hasta que quedé de rodillas y mi cara quedó a la altura del agujero.

Mientras me inmovilizaba frente al agujero, me repetía mil veces:

Recuerda:

Hagas lo que hagas, él no tiene derecho a gritarte, aventarte, golpearte o a agredirte de ninguna manera.

—Mira lo que hiciste, pinche loca; a ver cómo chingados le haces pero lo arreglas.

Finalmente, me azotó la frente contra la puerta y me soltó. Se fue y me quedé, ahí, tirada en el piso llorando con mucho sentimiento y desesperación. Mi intención no había sido quebrar la puerta, mucho menos ser llamada "loca" y ser agredida. Me dolía el brazo, la nuca y la cabeza, pero lo que me preocupaba en ese momento era mis hijos, que no se hubieran dado cuenta de lo que había sucedido. Mi hija estaba dormidita y mi niño estaba viendo una película en el piso de abajo, así que esperaba que no hubieran escuchado nada.

Lo amo: YO soy la que tengo que cambiar

Ese día, después de levantarme del piso, me miré al espejo y me prometí a mí misma cambiar. Llevar mi vida de la forma que a mí me hiciera feliz; vivir sin miedo, sin humillaciones y sin agresiones. A partir de ahora, debía ser más egoísta, ver por mí, cuidarme a mí misma. No sabía cómo lo iba a hacer, pero sí sabía que el último gramo de amor acababa de morir.

En aquella época, precisamente después de los últimos acontecimientos tan traumáticos para mí, mi marido me avisó que nos regresábamos a Denver. En los Estados Unidos, esa ciudad se había llegado a convertir en mi segundo hogar y volver allá era la mejor noticia que había recibido en mucho tiempo. Ilusa de mí: creí que todo iba a mejorar.

Denver de nuevo

Llegamos a Denver con la esperanza de empezar una nueva etapa, en la que yo esperaba que "por fin" sería feliz. Los dos sabíamos que era una nueva oportunidad para empezar de cero y hacer las cosas bien. En realidad, para entonces yo ya había perdido la cuenta de cuántas veces había tenido la esperanza de empezar de nuevo para ahora sí ser feliz. Dicen que la esperanza nunca muere y dentro de mí se mantenía inexplicablemente viva. Debía mantenerla viva a toda costa.

Cuando me preguntan que por qué seguía con él después de tantas heridas que había hecho en mi corazón, creo que la única respuesta honesta que tengo es porque creía que lo amaba y buscaba constantemente sentir su aprobación. Cada vez que me comparaba con alguien, me insultaba, me humillaba, me maltrataba o me criticaba, algo funcionaba de una manera muy rara dentro de mí: por supuesto que en ese preciso momento quería correr y alejarme de él, pero a la vez, debía quedarme, para demostrarle lo equivocado que estaba. No logro comprender esa reacción, pero desde que éramos novios era lo que yo hacía: buscar su aceptación y ganarme su amor.

Recuerda:
Una vez más, el amor no es control.

Retomamos nuestra rutina habitual: mi esposo con su trabajo y yo dedicada a la casa, niños, tareas, actividades de la escuela y gimnasio. Por un tiempo las cosas estuvieron en armonía y parecía que él estaba haciendo cambios en su forma de ser, cosa que me tenía sumamente contenta. En este tiempo pude recibir un poco de lo que tanto anhelaba: su aprobación. Me la daba a cuentagotas, pero yo sentía que eso nos unía más y me motivaba a seguir luchando para llegar a ser la mujer perfecta que él siempre había soñado, para que al fin me amara como yo lo deseaba. ❣

Y acepto lo inaceptable

Todo era una contradicción. Lo que yo sentía y lo que aceptaba era contradictorio. Por una parte, quería que mi relación funcionara para siempre, pero también sabía que la sombra de la pornografía y de las *stripp*ers iba a estar en nuestras vidas y yo me forzaba a mí misma por tolerar la situación, por más que me desagradara: había llegado a "aceptarlo" y no hacer ya más preguntas al respecto. Me conformaba con que me tratara bien. Lo demás lo había asimilado como algo que "todos" los hombres hacían e, irónicamente, hasta me sentía privilegiada de que por lo menos yo sí lo sabía. Yo no era como mis amigas a quienes sus esposos les seguían mintiendo.

Un día de invierno cometí el gravísimo error de querer ser parte de su mundo; de ese mundo del que estaba excluida y que me causaba tanto dolor. Quería sentirme más unida a él, de la manera que fuera; así que un día se me ocurrió pedirle que me llevara a conocer uno de esos lugares, esos sitios donde bailan desnudas las mujeres que tanto le gustaban. Seguí el refrán que dice "si no puedes contra tu enemigo, únete a él". Eso hice y él, temeroso pero a la vez emocionado, me llevó, sin saber exactamente cuál sería mi reacción ya estando ahí.

Esa noche, cuando íbamos en camino, yo estaba terriblemente nerviosa. No sabía si lo que estaba haciendo iba a ayudarnos como pareja o finalmente a destrozarnos. Él escogió uno de los lugares más exclusivos de la zona metropolitana de Denver.

—No te preocupes —me decía en el camino—. He visto muchas parejas que van ahí y el ambiente es muy "fino".

Cuando por fin llegamos, en la entrada tuvimos que pagar un *cover* con dos chicas que estaban bien vestidas, pero con ropa normal. Sin embargo, al abrir la cortina y entrar al área principal, mi estómago se revolvió, las manos me empezaron a sudar y me quedé impactada.

Él constantemente me preguntaba:

—¿Estás bien?

Y yo sólo contestaba:

—Claro —haciéndome la fuerte y sin demostrar el nivel de asco que me ocasionaba estar en un sitio como aquél. Tomé y tomé todo lo que pude, esperando que el alcohol me hiciera sentir menos y gozar más.

Recuerda:
El abuso sexual puede tener infinitas variantes.

Conforme pasaba el tiempo, él se veía más y más contento y más a gusto, cómodo y relajado. Nunca lo había visto así. Sinceramente, yo creo que estar ahí conmigo le dio una sensación de paz, ya que por fin se sentía que no tenía que esconderse más. ¡Estaba feliz!

Esa noche, estando en ese sitio tan extraño para mí, platicamos más que nunca; más que como esposos hablamos como si fuéramos viejos amigos. De regreso a casa, me repetía una y otra vez que la había pasado increíble y que le daba un gusto enorme que yo hubiera estado en ese sitio ahí con él. La verdad, finalmente yo también la había pasado muy bien, pero no porque me hubiera gustado el lugar, sino porque me sentía más cerca de él que nunca. Así que quedamos en repetir la hazaña de nuevo.

Los días siguientes fueron los mejores de nuestra relación. Me di cuenta de que, por primera vez, se sentía orgulloso de mí, y estaba muy contento de estar casado con alguien como yo, que lo entendiera y apoyara en todo, aun cuando ese "todo" era tan extremo. Era una esposa que aceptaba todo. Eso lo hacía feliz.

Íbamos por lo menos dos veces al mes, y él siempre regresaba de buen humor y muy contento. Lamentablemente, cada vez que íbamos, mi corazón me dolía y se hacía más chiquito porque en el fondo yo sabía que eso no me gustaba y que lo acompañaba sólo para que nuestra relación funcionara. Una relación que se estaba basando en algo desagradable para mí. Pero eso no me importaba o, más bien, yo trataba de que no me importara: sólo buscaba la aprobación de mi marido y que él se sintiera feliz a mi lado. Es lo que había estado buscando desde siempre y ahora que lo había logrado, no quería estropearlo.

Con el tiempo, él se volvía más y más descarado: invitaba chicas a la mesa, le bailaban encima y hasta hacía que me bailaran a mí, lo que alimentaba sus fantasías al 100 por ciento. En una ocasión, me dejó sola, sentada en la mesa por más de 30 minutos, porque estaba buscando a la chica perfecta para que le hiciera "un privado". Eso me hacía llorar por dentro; así que me obligaba a mí misma a tratar de verlo como amigo y no como esposo. Como esposo, no soportaba la idea de verlo con alguien más, pero como amigo perdía ese valor. Y entonces me convencía de que no debía importarme, aunque en el fondo sabía que yo misma me estaba engañando.

Así estuvimos como por unos seis meses y yo siempre tuve sentimientos encontrados. No sabía cómo decirle que su conducta finalmente nos estaba haciendo mucho daño, si después de todo había sido yo quien había sugerido esa opción. Además, yo sentía mucho temor de que él ya no se fuera a sentir orgulloso de mí, de que nuestra relación se fuera a pique y de que nuestra vida regresara a ser como antes.

Quiero escapar de esa situación

Un día, en mi desesperación de querer salir de la situación en la que yo misma me había metido, de escapar, de independizarme, decidí ir a buscar trabajo como vendedora, como asistente de alguna nutrióloga o como lo que fuera. Yo no sabía exactamente qué se necesitaría para conseguir un empleo, pero estaba segura de que en alguna parte necesitarían a alguien como yo. Así que dejé a los niños con una amiga, me arreglé y salí, dispuesta a averiguarlo.

Recordaba que había una tienda muy sofisticada de productos naturistas dentro de un *mall* que estaba cerca de mi casa, así que me dirigí hacia allá. Al bajarme del auto y acercarme, rumbo a la entrada del *mall*, pasó un muchacho de alrededor 30 años, se me quedó viendo y siguió andando. Yo, sin ponerle mucha atención, continué con mi camino. Pero de pronto lo escuché justo detrás de mí, que me preguntaba en inglés:

—*Are you a model?*

Volteé y le respondí:

—*No, I'm not.*

Al escuchar mi acento se dio cuenta de que era latina y comenzó a hablarme en español. Me dijo que él era español y su mamá salvadoreña; que era piloto aviador y justo entonces estaba buscando a alguien que modelara para hacer unos panorámicos que necesitaba para promocionar una exhibición que sería próximamente. Me preguntó si yo estaría interesada en modelar, a lo que respondí

—Por supuesto que sí.

Y así intercambiamos teléfonos para ponernos de acuerdo para una entrevista.

Pensé en mí misma, en el destino y en cómo hay cosas en la vida y oportunidades que aparecen cuando menos las esperas. El trabajo del modelaje era una buena oportunidad, pero era temporal y yo necesitaba un empleo estable. Así que continué con mi objetivo. Estaba decidida a preguntar si había un puesto vacante en la tienda de productos naturistas, como ayudante de la nutrióloga principal. En la tienda, para mi decepción me enteré de que para obtener el puesto también necesitaba sacar una licencia. Algo desmotivada, pero a la vez decidida, me propuse investigar cuáles eran los pasos necesarios para conseguirla. También había decidido solicitar el trabajo de modelo en una boutique de ropa francesa, como decía en un anuncio en la puerta de aquella tienda; para eso no se necesitaban permisos ni licencias. En alguna parte tenía que conseguir un empleo.

El día había estado perfecto. Me sentía un paso más cerca de mi independencia; había encontrado obstáculos, pero también cosas buenas. El simple hecho de salir de mi casa decidida a encontrar trabajo era en sí un gran logro para mí.

Al día siguiente recibí una llamada de un número desconocido e inmediatamente supe que era el muchacho que había visto el día anterior, ya que yo no le daba a nadie mi teléfono. Le tenía pavor a mi esposo, pues con frecuencia me cuestionaba los números de teléfono que yo marcaba o los que me llamaban a mí. De hecho, había días que llegaba con el recibo del teléfono en una mano y una pluma en la otra. Me decía:

—Necesito que me digas de quiénes son todos estos números que no conozco. ¿Con quién has estado hablando?

Y empezaba a preguntarme uno por uno. No aceptaba un "no sé" o "no me acuerdo" por respuesta. Yo debía revisar mis contactos y encontrar dueño al número; mientras él, cuidadosamente, iba apuntando el nombre al lado del número de teléfono. Al no tener nada que esconder, yo accedía a dictarle todos los datos. Se me hacía más fácil darle unos nombres que pelear por mi privacidad. Error muy grande, ya que en una relación de pareja sana cada individuo debe tener su espacio, su privacidad y su independencia intacta.

Así que, en la ocasión en la que estaba esperando la llamada para el empleo de modelaje, comprendí que había sido un error permitirle a mi marido tener el control de mi teléfono. Sabía que él se enteraría de una manera u otra de cualquier persona que me llamara y, si no le parecía, armaría un escándalo.

Contesté y, en efecto, era él. Se identificó por su nombre y me dijo que está interesado en platicar más a fondo sobre el trabajo que tenía para mí. Accedí a reunirme con él y nos quedamos de ver al día siguiente en su oficina, a unos 30 minutos de mi casa.

Cuando iba en camino, rumbo a la entrevista, me llamó, disculpándose:

—Lo siento, se me hizo tarde. ¿No te molestaría vernos en el restaurante *Monaco Denver*?, está rumbo a mi oficina y aprovechamos que es la hora del lunch.

Yo ya iba en camino:

—No, ningún problema, te veo ahí en 15 minutos —le contesté, a pesar de que mi sexto sentido decía que algo no estaba bien.

Al llegar al restaurante lo vi sentado en el área del bar; me acerqué a saludarlo y en seguida tomé asiento. La mesera me preguntó amablemente qué deseaba tomar. Pedí sólo agua.

—Sí, sí, sólo agua, pero también tráeme la mejor botella de vino tinto que tengas —intervino él.

Un tanto incómoda por la situación en la que me había metido, sonreí y procedimos a hablar de "negocios". Me contaba que, además de querer una modelo y una promotora para los panorámicos, también estaba buscando una asistente personal, que le ayudara a "solucionar" su vida y calendarizar los múltiples eventos a los que normalmente asistía.

—Literalmente me estoy volviendo loco con tantos pendientes. Tan sólo mira esto...

Me mostró unos estados de cuenta bancarios en donde había números muy grandes, unos en rojo y otros en negro. Me dijo también ofrecía $250,000 dólares de salario al año, pues necesitaba alguien de confianza y con buena presentación.

Estaba emocionada. Después de dos copas de vino y de la propuesta del trabajo yo estaba en las nubes. Para ese momento estaba impresionada, no sólo porque ya me había dicho lo exitoso que era como piloto aviador, sino por las exorbitantes cifras de dinero que estaba mencionando, lo famoso que era en otras partes del mundo y lo millonarios que él y su familia siempre habían sido. Me tenía deslumbrada; así que me obligué a callar a mi vocecita interna que me decía que algo andaba mal; la que me decía que el tipo

Recuerda: Al salir de una relación abusiva, ten cuidado en hacer una buena elección. No repitas patrones de conducta.

era puro cuento y que sólo quería apantallarme. Pero aparentemente se lo creí. Todo.

Me dio los papeles del contrato y me pidió que lo pensara. Todo parecía ser fabuloso y yo quería firmar de inmediato. El único punto delicado, para el cual necesitaba la autorización de mi esposo, era que ese puesto involucraba viajar 30% del tiempo.

¿Una nueva pareja? ¿O sigo intentándolo con "él"?

En la noche, cuando mi esposo llegó del trabajo, emocionadísima le conté cómo había estado mi cita, omitiendo que la conversación se había llevado a cabo en un bar y no en una oficina. Por supuesto que inmediatamente se dio cuenta de que era una oferta ridícula y absurda. Me estaban ofreciendo siete veces más lo que se pagaba normalmente por ese puesto. Era obvio que algo no estaba bien. De cualquier forma, me dijo:

—Investiga un poco más del asunto y ten cuidado porque se escucha demasiado bueno para ser verdad.

Dicho y hecho, intenté investigar al respecto y seguí en contacto con esta persona, pero nunca pudimos vernos en su oficina. Siempre tenía una excusa para no hacerlo y para darme evasivas, pero supo cómo convertirse en mi amigo. Creo que yo estaba tan necesitada de atención que, a pesar de saber que me había mentido para acercarse a mí, seguí contestando sus llamadas y acompañándolo de vez en cuando a algún restaurante, a comer o a cenar.

Se convirtió en un apoyo para mí y comencé a contarle detalles de mi vida personal y el tipo de relación que tenía con mi esposo: grave error. Se aprovechó de mi vulnerabilidad. Me aconsejaba que lo dejara, que él estaría dispuesto a ser un excelente compañero, que sería un incomparable amigo para mis hijos, que mi familia sería lo máximo para él, que mi mamá sería como la suya, ya que la había perdido cuando era joven y que daría todo por tener una mamá como la mía. Me decía exactamente todas las cosas que una mujer que vive en un matrimonio infeliz quiere escuchar. Me decía lo que yo necesitaba escuchar.

Para entonces, mi mentalidad era ya distinta, veía lo que quería ver y me cegaba a todo lo demás. Hablábamos todo el tiempo y las llamadas eran cada vez más largas y frecuentes. Sabía que mi esposo me preguntaría por eso, pero estaba decidida a inventar alguna excusa. Y así fue: un día llegó mi esposo del trabajo con el recibo telefónico en mano y, enojado, me pidió una explicación: "¿De quién es ese número que tanto te marca?". En esos momentos, alguna excusa le habré inventado, pero obviamente no me creyó. A partir de ese día, el acoso y la desconfianza de mi marido se volvieron aún más insoportables y nuestra relación se volvió cada vez peor. Esa vez con toda razón.

Agobiada por el estrés, un día tomé la decisión de que mi amigo tenía razón. Había muchos hombres que quisieran tener una esposa como yo y, seguramente, alguien más me iba a saber valorar. Después de mucho pensarlo, me decidí y le dije a mi esposo que quería el divorcio, que estaba cansada de él, de toda la situación y que ya no podía más. Le confesé que había estado platicando con alguien más: con la persona que me había ofrecido tan magnífico puesto, y que lo único que deseaba era ser libre y valorada. ❧

Entrar y salir de una relación

Y sí, le pedí el divorcio. Sin duda alguna ése fue un error catastrófico que cometí. Otro más, entre todos lo que había cometido. Era cierto que yo ya no quería vivir en una relación sumamente tóxica como la que tenía en esos momentos, pero también debí de haber hecho los cambios necesarios sin involucrar a ninguna otra persona. Y yo había involucrado a otra persona para atreverme a tomar la decisión de que necesitaba un cambio.

La primera reacción de mi esposo fue ponerse furioso. Temí que me lastimara. Pero, para mi sorpresa, él se tranquilizó e intentó convencerme de arreglar nuestra situación. Y una vez más, mi esposo me prometió que iba a cambiar, que las cosas ahora sí iban a ser mejores y me pidió una oportunidad más, otra más, para solucionar todo. De nuevo, decidí dársela, otra más, otra de las muchas que le había dado a lo largo de nuestra vida. A fin de cuentas yo no estaba involucrada sentimentalmente con la otra persona, simplemente era alguien que me hablaba bonito y nada más. Esa relación, que en realidad no había pasado de ser de amistad, se había terminado.

Mi esposo y yo planeamos una segunda luna de miel y nos fuimos a Punta Mita a pasar unos días solos, él y yo. Ese viaje fue fantástico y la pasamos muy bien. Pero al regresar a casa, el paraíso había quedado atrás y fue muy difícil para los dos seguir juntos. Por un lado, él quería cambiar y ser un mejor esposo; pero, por el otro, lo atormentaban los celos y la incertidumbre de lo que había pasado. No sólo se atormentaba él mismo, sino que me atormentaba a mí. Nunca me creyó que la relación con el piloto había sido prácticamente por teléfono y que sólo nos habíamos visto para unas cuantas comidas y

cenas sin ir más allá. Me torturaba preguntándome exactamente todos los detalles de los lugares a los cuales habíamos
ido; quería que le contara punto por punto de qué platicábamos y paso a paso todo lo que hacíamos. Llegaba a la casa sin
avisar y no hacía ruido para ver si me cachaba en el teléfono;
me espiaba todo el tiempo; me revisaba los recibos y los gastos.
Incluso, hasta les preguntaba a los niños cosas muy detalladas
sobre todo lo que habíamos hecho a lo largo del día para comprobar que yo decía la verdad.

Por más que queríamos que hubiera armonía, por más
que nos esforzáramos, así era imposible. Los celos, la incertidumbre y la desconfianza nos acechaban todo el tiempo. Nos
peleábamos más que nunca y su actitud de "buen esposo" se
convirtió en todo lo contrario en cuestión de días. No sé cuántas veces habré pensado esto antes, pero esa vez... ¡la relación
estaba peor que nunca!

Las tensiones siguieron, pero permanecimos juntos. Y pocos
meses después, él decidió que debíamos comprar una casa, con la
idea que tienen muchas personas que comprando casa, cambián-
dose de ciudad o haciendo grandes regalos, las cosas serán,
ahora sí, de color de rosa y un "aire nuevo" seguramente le daría
felicidad al matrimonio. Como era de esperarse,
las cosas no fueron así.

Recuerda:
En una relación de abuso,
el miedo y la incertidumbre
pueden paralizarte.

Aun en mi nueva casa, dentro de mí
seguía conservando el anhelo por tener una
pareja que me apoyara, que me amara, que se
preocupara por mí, que me valorara, que me respetara, que
no me maltratara... Ese deseo seguía más fuerte que nunca,
pero se me hacía imposible salirme de ese matrimonio. Quería
estar fuera, pero por más que pensaba cómo le iba a hacer, me

ganaban el miedo y la incertidumbre. Me aterrorizaba pensar que algún día volvería la mirada atrás con arrepentimiento. Por miedo, no me atrevía a tomar la decisión de cambiar radicalmente mi vida. Miedo a estar sola, miedo a no poder sacar adelante a mis hijos, miedo a convertirme en una mujer divorciada, ¡miedo a todo!

Nueva esperanza

Unos tres años después, mientras pensaba en cómo salir de ese matrimonio, sucedió algo que no esperaba en esos momentos. Frente a mi casa estaban las oficinas de los ingenieros que habían construido mi casa y un día me di cuenta de que había llegado un nuevo ingeniero, muy guapo, altísimo, ojos azules y cuerpo atlético. Un hombre muy atractivo y muy amable. Cada vez que yo llevaba a mis niños a andar en bicicleta, él salía de su oficina y charlaba conmigo por un momento.

La verdad es que sabía que estaba guapo, pero en ese entonces no sentía atracción por él. De todas formas, seguimos platicando de vez en cuando. Un día me lo encontré en el gimnasio al que asistía en ese entonces. Cuando me saludó, la verdad no lo reconocí. A veces, al encontrarnos a personas fuera del lugar donde normalmente las hemos visto, tardamos un poco en ubicar de dónde las conocemos. Pues eso mismo me pasó a mí. Ese día sí lo vi de una forma distinta: parecía más guapo, más agradable, más todo.

Empezó a agradarme cada vez más. Un mes después, estando en el gimnasio, se acercó a mí y me dijo en inglés:

—*With all due respect, you are the most spectacular woman I've ever seen.*

Me quedé helada, eso que me dijera, "con todo respeto", que yo era la mujer más espectacular que jamás hubiera visto, hizo que la cara se me pusiera de todos colores y no supe qué decir; tan sólo:

—*Thank you.*

Ese día me quedé pensativa y estaba en las nubes. Desde ese momento, me sentí sumamente atraída hacia él, pues hacía mucho que no escuchaba a nadie decirme cosas bonitas y, sobre todo, "con todo respeto". Ya llevaba bastante tiempo en que mi autoestima estaba muy decaída y mi esposo se encargaba constantemente de mantenerla así: en el suelo. O por debajo. Había seguido haciendo sus comparaciones denigrantes, siempre criticando mi forma de ser, de vestir y hasta de hablar.

Sabía lo peligroso que sería seguir alimentando la fantasía de querer sentirme valorada, aunque fuera por un desconocido, pero aun así quise seguir. Necesitaba hacerlo. "El Gringo", como lo llamaba, y yo platicábamos ahora con más frecuencia fuera de mi casa y, pronto, empezamos a intercambiar mensajes "inofensivos". Hasta que un buen día me invitó a comer.

No puedo explicar la sensación que sentí en ese momento. Sabía que no estaba bien aceptar su invitación. Mis sentimientos por él no eran sólo de amigos y sabía que los de él tampoco. Tardé en contestarle y, pese a que todo mi sentido común me indicaba que debía negarme, finalmente le dije "sí". Si pudiera regresar el tiempo tal vez cambiaría esa simple palabra, pero no lo hice.

Tuvimos una comida súper amena, reímos muchísimo y era notorio que los dos estábamos nerviosos. Me platicó que acababa de separarse de su esposa y que estaba en proceso de divorcio. No entramos en mucho detalle sobre los motivos. Sólo recuerdo que mencionó que la química entre ellos se había acabado hacía mucho tiempo y que prácticamente vivían sólo como compañeros de casa, como simples *roommates*.

Yo le conté un poco sobre cómo estaba mi matrimonio y las batallas que se vivían constantemente en mi hogar. Le conté también que, tres años antes, le había pedido el divorcio por primera vez a mi marido y que no me lo había querido dar. Le hablé de todas sus promesas de que iba a cambiar y de que buscaría ayuda profesional. Esto nunca lo había hecho, a pesar de que estaba consciente de que yo le había advertido que, si no lo consultaba con un terapeuta, me iba a ir. En realidad habían sido muy pocos los cambios que había hecho mi marido: compartía algo más de tiempo conmigo y los niños, y salíamos de vez en cuando solos, como pareja. Sin embargo, aunque habían disminuido, nunca habían desaparecido del todo los gritos y las ofensas.

El Gringo tenía una forma de verme muy dulce. Creo que nadie me había visto nunca de esa manera; sus palabras servían para confortarme y el tiempo se me pasaba volando junto a él. Me sentía feliz y había dejado de tener los pies en la tierra.

Esa misma semana comenzó algo que ya no pude detener; es más, algo que ya no quería hacer: empezamos una relación. Simplemente me enamoré. Y yo sentía que, si no era por un motivo así, nunca iba a poder dejar a mi marido. Sabía que "enamorarme" de alguien más me daría la fuerza que necesitaba para divorciarme de una vez por todas. El estar con el Gringo y hablar con él me llenaban el corazón de sentimientos que jamás pensé que volvería a sentir. Se convirtió en mucho más que mi amante: en mi corazón. Él era la persona con la que quería pasar el resto de mi vida.

Vigilancia, acecho y tecnología

Desde que inicié la relación con el Gringo, fueron muchos meses de angustia y ansiedad. Sin embargo, en esa ocasión, mi esposo ahora sí tenía motivos reales por los cuales dudar de mí. Debería de haberme afectado más, pero yo ya estaba acostumbrada a eso. Por cerca de 17 años él había dudado de mí sin ningún motivo y, la verdad, no había ninguna diferencia para mí. En realidad, lo que me causaba angustia y ansiedad era que descubriera mi relación con el Gringo y se interpusiera.

Como sabía que mi esposo vigilaba todas mis transacciones y revisaba minuciosamente todas mis cuentas, tanto de dinero como del teléfono, debía ser más cuidadosa que nunca. En algo en lo que sí pude escapar a su vigilancia, pues el Gringo, a quien yo definitivamente amaba, me había conseguido un teléfono para usar solamente con él, era nuestro medio de comunicación "seguro". En esa ocasión, la tecnología había venido en mi ayuda.

Yo estaba cada día más y más enamorada de él, la relación se había convertido en una locura, éramos inseparables. Moríamos de celos mutuos: él, de mi esposo, y yo, de toda mujer que se acercara a él. Me angustiaba cuando no podíamos estar juntos, sentía un verdadero dolor físico cuando nos despedíamos. Llegó un momento en que sabía que tenía que hacer algo de inmediato, pues no quería dejar pasar ni un minuto más escondiendo todo ese amor que sentía por alguien que no era mi marido.

¿Cuál es mi límite de tolerancia?

La confesión por fin llegó. Casi un año después de haber comenzado esa relación extramarital, decidí que había llegado el momento de tener que dejar a mi esposo, que seguía siendo déspota y controlador. Para ese entonces, no sólo había llegado a mi límite de tolerancia, sino que ya tenía un "motivo" por el cual luchar... Pensaba en todas esas historias estúpidas de amor que una lee por ahí, en donde una pareja de amantes lucha por su amor y al final de la historia son eternamente felices y permanecen unidos hasta el útimo de sus días. En ocasiones, hasta llegan a tener hijos

> **Recuerda:** *La tecnología puede usarse a favor o en contra de una mujer que está siendo abusada.*

y a formar una gran familia: los tuyos, los míos y los de nosotros. Imaginaba esa historia absurda que toda mujer desea cuando está necesitada de escuchar palabras dulces, de tener charlas interminables con la persona que ama, de saberse comprendida por alguien, amada...

Esa historia con la que yo soñaba despierta, que repasaba en mi cabeza en todo momento, era como una vocecita dentro de mí que me decía: "Hazlo, atrévete, mereces ser feliz". Pero también había otra que me decía: "¿Cómo le voy a hacer? ¿Qué va a pensar la gente? Soy infeliz en mi matrimonio, pero no quiero lastimar a mi esposo". En fin, era un constante debate. Cualquier pedacito de paz que pudiera haber tenido en mi vida en ese entonces había desaparecido a causa de esa situación contradictoria. Sabía que sólo era cuestión de tiempo para que saliera a la luz, pues sólo tenía dos opciones: que me cacharan o que yo explotara, pero algo iba a suceder.

Así, que un buen día decidí que había llegado el momento. Con el estómago completamente revuelto, con las manos sudadas y con una incertidumbre infernal, le confesé a mi esposo que me había enamorado de alguien más y que ya no

> **Recuerda:** *Es necesario elegir con cuidado el camino para escapar de una relación destructiva.*

podía seguir mintiéndole. Con el rostro pálido, de piedra, paralizado por la ira, me preguntó:

—¿Quién es?

Y le dije su nombre.

En ese mismo instante, conforme iba diciendo esas palabras y me iba escuchando a mí misma, no podía creer lo que estaba haciendo. Todo parecía tan irreal, tan extraño, tan estúpido, que en ese mismo segundo entré en un estado de pánico incontrolable. Jamás había experimentado algo así; me faltaba el oxígeno, no podía respirar y sentí que me iba a morir. Un miedo jamás experimentado me invadió de pies a cabeza y estallé en llanto. No podía dejar de llorar, no podía controlarme ni era capaz de meter aire a mis pulmones. Y, sin oxígeno, casi me desmayé. Mi marido seguía como de piedra. Inescrutable, lo que me causaba aún más pánico. Parecía escena de novela barata, pero desafortunadamente no era ninguna novela: era mi vida que estaba a punto de cambiar drásticamente frente de mis ojos. La que, en realidad, acababa de cambiar desde que confesé.

Finalmente, tuve que tomar unas pastillas tranquilizantes porque no podía controlar el ataque de pánico. Por fin pude calmarme un poco y me quedé dormida, aturdida por los medicamentos.

Cambio de estrategia

Mi esposo estaba devastado. Después de toda la confesión y de haberse recobrado un poco de la noticia, dijo que me amaba. Y después de mi confesión, muerta de miedo, supuse que su rostro de piedra explotaría de furia. Pero no lo hizo. Quien estaba ahí presente no era el esposo aquel que yo había tenido siempre, a quien le daba por gritarme y ofenderme, a quien se le hacía fácil sujetarme y sacudirme; el que me controlaba cada paso, el que siempre era infeliz por mi culpa, el que su esposa ideal no tenía nada que ver conmigo. NO, ése no estaba. Incomprensible e increíblemente, estaba en cambio un desconocido: el esposo comprensivo, el que juraba amor eterno, el que decía que yo era todo en su vida, el que tenía carita dulce y triste a la vez.

A la mañana siguiente, cuando desperté del efecto de los tranquilizantes, él me abrazó y me dijo que todo estaría bien. Me consoló y se comportó de una forma muy diferente a la que yo hubiera esperado. Ése era el esposo que había necesitado todo este tiempo y que no había aparecido, pero justo ese día decidió salir y hacer acto de presencia. Estaba desconcertada. No sabía si pensar que la confesión había provocado algo bueno, al hacer salir al marido que yo siempre había necesitado o, si ahora que le había contado sobre la infidelidad, ya era demasiado tarde para estar al lado del tipo de esposo que yo siempre había deseado que él fuera. Sabía que ahora era yo quien quería compensar todo el dolor causado, era yo la mujer ingrata, la malagradecida, la peor. Yo desesperada, aterrada, me sentía como un fraude. Me había convertido en la esposa que nunca había querido ser. Más que la esposa imperfecta, era un verdadero fraude. Se habían cambiado los papeles. Por arte de magia se habían borrado todos los sufrimientos que él me había causado y sólo estaban mis huellas, las huellas de mi infidelidad que yo quería borrar a como diera lugar.

Mi corazón quería desaparecer, yo quería desaparecer completa. Ese día quería estar muerta, ¡¡¡bien muerta!!! Quería retroceder el tiempo, quería que mi matrimonio hubiera sido feliz. Quería que nunca hubiera caído en la tentación ni en la necesidad de sentir amor de alguien más... ¡¡¡Quería gritar!!! Y grité y lloré y pataleé; pero nada cambió. La vida y el tiempo no se movieron, seguían ahí mismo. No había nada que hacer, más que asumir las consecuencias. Le pedí mil veces perdón a mi esposo y en esos momentos era yo quien suplicaba una oportunidad. Qué ironía, el mismo día que pensé que me iría de mi casa, suplicaba para que me permitiera quedarme. Y mi marido se mostró comprensivo y bueno.

Recuerda: Los cambios de humor de un hombre abusivo son impredecibles.

Sin embargo, el esposo bueno y maravilloso duró tan sólo un par de días. Luego regresó el mismo de siempre, el que ofende, el que insulta y grita, al que tanto odiaba; sólo que ahora con muchas más armas para ofender, con palabras más hirientes, con maltratos más crueles y con una actitud prepotente de Dios, que sólo él se creía.

Y nuevamente, caigo en la trampa

Yo estaba entre la espada y la pared. Por un lado, quería que todo estuviera mejor que nunca, me esforzaba más que nunca, sobre todo porque quería borrar las huellas que había dejado mi infidelidad, así que corté todo vínculo con el Gringo y me enfoqué en mi matrimonio. Después de todo era yo la adúltera y la que tenía que solucionar el problema en el que estábamos metidos; así que traté de ser la esposa que siempre había sido y de demostrar que en verdad estaba arrepentida. Pero por otro, no podía ni quería ya tolerar ni un insulto más, ya no me sentía capaz de eso. Ya no lo quería permitir, pero al final no pude evitarlo: también me sentía muy culpable y, al decidir quedarme, implícitamente decidí ser castigada por mi error. Mi esposo me exigía sumisión total y él ejercía ampliamente el "derecho" a gritar y a insultarme, porque en esta ocasión verdaderamente "me lo merecía". A pesar de que siempre consideré su adicción a la pornografía y a las *strippers* como infidelidad, yo sentía que el adulterio que había cometido con el Gringo era mucho peor y no podía con la culpa. Me merecía todos los castigos que él quisiera imponerme. Y vaya que lo hizo...

Una montaña rusa

A partir de entonces los altibajos se hicieron más frecuentes. En esos días vivía en una verdadera montaña rusa de emociones, y no era cosa nueva. Así había vivido por más de 15 años, pero ahora la salida se había visto tan cercana, pero a la vez tan lejana, tan oscura y temerosa. Una vez más, aun cuando tuve la oportunidad de escapar de ese matrimonio, volvía a vivir situaciones conocidas de gritos y violencia. En ocasiones, mi esposo, sin ninguna "provocación", iniciaba las discusiones, en las cuales yo salía perdiendo el 100 por ciento de las veces. Era en esos días en los que me preguntaba a mí misma: "¿Qué estoy haciendo aquí? ¿Por qué sigo aquí?". Mis hijos, ya mayorcitos, que ya se daban cuenta, presenciaban todo eso y yo sentía una impotencia terrible.

Recuerdo especialmente una ocasión en que, después de haber llegado del supermercado, lo encontré enfurecido, alegando que me había tardado más de lo normal y acusándome de que seguramente me estaba viendo con el Gringo. Recuerdo que gritaba y pedía incansablemente explicaciones. A pesar de que se las estaba dando, parecía no escuchar mis razones. Y eso me hizo pensar que mi matrimonio ya no tenía sentido. ❥

Los hijos y el "qué dirán"

Y así fue como una vez más llegué a la conclusión de que mi matrimonio no tenía ningún sentido, ese día decidí de nuevo que ya había sido suficiente. ¿Cuánto más tenía que sufrir? ¿Qué clase de vida estábamos teniendo? Ni él era feliz, ni yo, y por si fuera poco, mis hijos estaban presenciando absolutamente todo y pronto se empezarían a ver en ellos los estragos de la violencia doméstica. Para entonces, mi hijo mayor tenía 5 años y era consciente de lo que sucedía y empezaba a detectar en él signos evidentes de miedo y ansiedad cuando las cosas entre nosotros se ponían feas. Las ocasiones en las que había peleas, no se quería ir a dormir; mi hijo trataba de distraernos para que no siguiéramos discutiendo. Cuando llegábamos a casa y veía el auto de su papá se ponía nervioso, y en una ocasión lo escuché decir: "¡Ay no! ¡Ya llegó mi papá!", lo que me partía el alma, porque sabía cuánto lo amaban él y la niña, pero desgraciadamente nunca sabían si empezarían de nuevo las agresiones. En ese entonces, mi hijo me llamaba cada 10 o 15 minutos desde la otra recámara, me decía: "¿Mamá?". Y yo le contestaba: "¿Qué pasó?". Me respondía: "Nada, sólo para decirte que te quiero". Era que me estaba monitoreando, para saber si yo estaba bien...

Él estaba preocupado por mí. Se daba cuenta de que yo corría peligro y yo, a la vez, empecé a darme cuenta de qué él y su hermana también corrían peligro. Sabía que, con el tiempo, ambos se empezarían a hacer preguntas sobre lo que sucedía en casa y se cuestionarían por qué su vida era así; con temor al principio y luego desarrollando resentimiento y enojo. Es común que

Recuerda:
La violencia en la pareja afecta directamente a los hijos y el dolor que les ocasiona es casi tan dañino para ellos como la violencia física.

los niños que viven situaciones de violencia doméstica, cuando crecen, aborrecen estar en casa y prefieren otra compañía lejos de su familia. Y ahí es cuando corren peligro de caer en otras cosas, de meterse en problemas. Me preocupaba el futuro de mis hijos en función de lo desastrosa que era la relación con mi marido... Me preocupaba, además, que el maltrato que mi esposo ejercía sobre mí con el tiempo se extendiera también hacia mis hijos. De hecho, para entonces ya veía claramente cómo la violencia con que me trataba llegaba directamente a los niños. Yo no era la única afectada. El nivel de estrés que ocasionaban esas peleas, el dolor que deben de haber sentido mis niños al escuchar cómo su padre me ofendía y el miedo de ver cómo aventaba objetos debió de ser muy fuerte y de causarles un sentimiento de impotencia a muy corta edad. Como niños, nadie quiere ver a sus padres pelear. Y menos así.

Ya habíamos llegado a un punto en que mis hijos nos miraban a ambos temerosos y caminaban inseguros alrededor de nosotros escuchando toda la discusión, oyendo que mi esposo no sólo me gritaba y me amenazaba, sino que con palabras muy ofensivas me describía a mí y a mi familia. Todo con puros insultos. Todo rematado con lanzamiento de cosas. No quería que empezaran también a presenciar los jaloneos y los empujones que mi marido me daba cada vez con más frecuencia. Hasta ahora lo había hecho únicamente cuando nadie más veía, pero sabía que no tardaría en llegar el día en que lo hiciera frente a ellos o que los lastimara a ellos. Eso me daba pavor.

Muchas veces me había aguantado por ellos, para que no tuvieran que vivir la ausencia de un padre. Pero ya hacía tiempo que sabía que eso sólo era una

Recuerda:
Si "sientes" que estás en peligro, puede ser que realmente lo estés.

justificación para engañarme a mí misma, sabía que era peor que los niños vivieran en medio de estrés, tensión y maltratos. Yo sola me estaba justificando para no tomar una determinación radical. Sin embargo, esa vez me dije que ya era suficiente, que tenía que solucionar esto por mí y protegerlos a ellos.

Y en esto yo no soy un caso aislado, con frecuencia se usa a los hijos como una "justificación" para no separarse de un marido abusivo. Sin embargo, la mayoría de las veces no es propiamente una justificación, ya que cuando se está dentro de una relación abusiva es difícil salir y el miedo es real y a veces paralizante. No porque una no quiera alejarse del marido, sino porque, debido a que el esposo se encarga de controlar muchos aspectos de la vida diaria, la mujer se siente incapaz de tomar decisiones y de manejar asuntos como dinero, cuentas, bancos y demás. Si nunca lo ha hecho, la mujer se siente incompetente, ya que el esposo ha mantenido todo bajo su mando. Por lo general, en este tipo de relación es el marido el que controla económica, laboral y socialmente todos los aspectos de su pareja. Es por eso que el dar el paso al divorcio involucra mucho más que sólo el aspecto sentimental. Involucra un cambio de vida en todos los sentidos e involucra, por supuesto, el bienestar emocional y económico de los niños.

Además, es obvio que, al tener hijos, lo primero que se piensa es: "¿Adónde voy? ¿Cómo voy a sacar a mis hijos adelante?", y van apareciendo muchas otras dudas sobre aspectos prácticos de la vida diaria. Un hombre abusivo que tiene como objetivo principal el control sobre la pareja, por años se ha encargado de hacer sentir que "sin él" no se puede hacer nada. Además, suele amenazar con quitarle los hijos a la madre y otras mil amenazas que vuelven a la mujer cada vez más temerosa.

Y así era, uno de mis mayores miedos, el peor, era que mi marido me arrebatara a mis hijos. Pero también, entre mis mayores temores, era no poder salir adelante económicamente y que mis niños se vieran afectados. Todo eso se convertía en un mar de dudas; dudas importantes. Además, por otro lado, dudaba de mi propia decisión de separarme. Pienso que tal vez esto se debía a que el hombre controlador tiene un patrón de conducta muy claro, el terrible ciclo del abuso, con la etapa de *bliss*, a la que llamo "luna de miel". Esos días en los que él se comporta de maravilla es cuando una duda hasta de sí misma y llega al extremo de pensar que tal vez una está exagerando, que la situación es bastante soportable, que todos los matrimonios atraviesan momentos difíciles y que él no es tan malo después de todo.

Si no fuera por esa etapa de "normalidad" ninguna mujer podría seguir aguantando, a veces por muchos años, quedarse en un matrimonio con un hombre abusador. El miedo a lo desconocido, la incertidumbre del futuro y del dolor que vaya a ocasionar la decisión de dejarlo todo hacen que una se paralice y permanezca atada.

Recuerda: El problema del abuso no es de una sola mujer, es de todos.

Otra de las justificaciones más usadas para no alejarse de una situación de abuso es el "qué dirán". Aunque, como en mi caso, mi familia me apoyaba al 100 por ciento, la verdad, a mí no me importaba mucho eso del "qué dirán". Sin embargo, sé que es un motivo importante para que muchas mujeres no se liberen de un marido controlador porque la familia o el círculo de amistades las juzgan severamente, e incluso las etiqueta de fracasadas, egoístas e irresponsables. Y peor si tienen hijos, porque entonces se les tacha de destructoras de familia y malas madres.

En esta época, el que una pareja se divorcie es de lo más común. Ya no se considera algo tan grave. No obstante, muchas mujeres consideran vergonzoso divorciarse por haber estado sometidas a la violencia física y emocional de un marido controlador. Este hecho es el que tratan de ocultar con frecuencia a su propia familia de origen, a sus amistades y al mundo entero. La mujer que ha sufrido el acoso y la agresión de su pareja siente vergüenza de haber sido maltratada, de haberlo permitido y tolerado, y es muy común que, al haber soportado ese tipo de conducta durante años, incluso llega a responsabilizarse de ese maltrato, diciéndose que ella misma ha causado las reacciones de enojo y abuso de su marido. En fin, se siente avergonzada delante de familiares y amigos del hecho mismo, y también del hecho de haber tenido que separarse de la pareja, de fracasar en el matrimonio. Y, así, el "qué dirán" pesa y es otra de las justificaciones para no liberarse del sufrimiento.

Así, la decisión de dejar a un hombre controlador viene siempre acompañada de muchas dudas personales, de miedos y de presiones sociales, económicas y religiosas. Sin embargo, una no sabe la fuerza que ha ido acumulando en su interior; la rabia callada se ha convertido en una fuerza que una desconoce hasta que se decide a llevar a cabo su decisión.

Separación y divorcio

Así, a pesar de mis temores, con el dolor que sentía, con el corazón ya destrozado por tanto sufrir, un buen día le pedí que nos divorciáramos. Llegó el momento en que no pude tolerar ni un día más esa sensación de culpa, vergüenza y miedo. Ni un maltrato más, ni un insulto más, ni un grito más.

Extrañamente, él accedió de inmediato sin ponerse furioso y ese mismo día se fue a casa de un amigo, donde permaneció unas tres semanas. En esos días venía a casa a visitar a los niños, y no dejaba pasar la oportunidad para ofenderme por cualquier motivo. Esa conducta me hacía sentirme más segura de que había sido la mejor decisión para todos; ahora me consideraba fuerte y decidida a continuar así, cada quien por su lado.

Desafortunadamente, esa decisión y esa sensación de seguridad iban y venían. Empecé a sentir mucho remordimiento y culpa. Había días que quería que todo estuviera perfecto; fantaseaba con la idea de que él me amaba con toda su alma, que regresaría y que cambiaría por mí, por nosotros. Pensaba que, como en las películas hollywoodenses, él llegaría, me pediría perdón y yo a él y formaríamos la familia que siempre debimos haber sido. Pero eso no pasó. No pasó nunca.

En esa época yo era muy vulnerable y necesitaba cariño más que nunca. Precisamente entonces el Gringo reapareció y empezamos a salir de nuevo. Las cosas con él parecían perfectas la mayor parte del tiempo y teníamos una relación ya abierta; no teníamos necesidad de escondernos, pero tampoco podíamos tener una relación fácil y libre. Aunque estaba separada de mi esposo, la unión del matrimonio no se acababa así de sencillo. Mi aún marido y yo seguíamos discutiendo por múltiples razones, pero entonces era principalmente por cosas de los niños. Y así, mi tormento no acababa.

De nuevo el mismo círculo

Antes de firmar el verdadero divorcio, estuvimos separados tratando de ver si con un tiempo alejados para reflexionar, la relación aún podía salvarse. Pero en esa temporada seguimos peleando, con más amargura que antes, y las cosas se pusieron peor que nunca, a pesar de lo mucho que lo intentamos. Lo que más me molestaba era que yo era la culpable de nuestra separación y él se lavaba las manos diciendo que siempre había sido un excelente esposo: "Hasta llegué a cambiar por ti, pero para nada me tomaste en cuenta. Con tu infidelidad me lo has demostrado". Yo no tenía argumentos para justificarme.

Recuerda: El acecho y el abuso son impredecibles. Cada caso es diferente.

En el transcurso de siete meses seguí viviendo en la casa que habíamos comprado y volví con mi esposo unas 5 o 6 veces. Durábamos una semana juntos en la casa y el infierno que vivía me hacía volver a alejarme: ni él era feliz ni yo. Él se marchaba de nuevo a un departamento rentado, nos dejábamos de hablar, luego comenzaba la comunicación, nos reconciliábamos y luego a pelear de nuevo. No podíamos romper el círculo y seguíamos con la misma conducta, aun viviendo en casas separadas. Así por siete largos meses.

En ese tiempo el Gringo también iba y venía. Él también tenía sus propias tormentas, con una ex esposa a la que quería seguir complaciendo y agradando, con horario de papá de tiempo completo, sin dinero y en busca de trabajo.

Éramos la bomba de tiempo perfecta; sin darnos cuenta habíamos entrado a una nueva relación estando los dos aún muy "contaminados" por experiencias anteriores. Los expertos recomiendan pasar a solas una temporada, para estabilizarnos y dejar que se enfríen los ánimos, especialmente después de una separación difícil. Pero el Gringo y yo no lo hicimos así. Pienso que el miedo a la soledad y la atracción que sentíamos el uno por el otro no nos permitieron dejar de vernos.

¿Existe el divorcio amistoso?

Después de esos siete meses de idas y venidas, de estira y afloja, nos dimos cuenta de que ya era imposible seguir con ese matrimonio. Era hora de pasar al divorcio y las cosas se pusieron aún más tensas, ya que mi esposo me castigó por ello de todas las formas que pudo. Para empezar y, a pesar de que por derecho la casa también era mía, me exigió que me saliera de ahí y preferí hacerlo con tal de no "deberle" nada. Tomé la decisión de no tener que deberle nada más. No más. Nunca. Lo único que yo quería era que me diera mi libertad de una vez por todas. Me fui a un departamento con mis hijos y él se regresó a la casa que tanto peleaba: no me dio ni un centavo por eso. Y yo tampoco se lo pedí.

Por mi mismo remordimiento y culpabilidad quería que el divorcio fuera amistoso, pues yo me decía que ya habíamos sufrido bastante por mi causa. Así que, erróneamente, decidí que no necesitaba abogado y que todo lo podíamos arreglar entre nosotros. Además, no tenía yo ni un dólar en el bolsillo para pagarle a un abogado. Mi futuro ex marido, obviamente, sí estaba siendo asesorado. En efecto, el divorcio se hizo amistosamente, pero también por obvias razones yo salí perdiendo. Me quedé sin casa, sin carro, sin ningún bien, sin pensión para mí. Sólo con una mensualidad para los niños y nada más. Pero en ese momento no me importaba, lo único que quería era mi libertad y tranquilidad.

Yo tenía la idea que si le hacía todo más fácil a mi ex, las cosas entre nosotros podrían llegar a ser un día normales, amistosas y sin rencores. Deseaba llevar una relación cordial, sobre todo por mis hijos. Facilitándole todo, yo buscaba que me viera con otros ojos que no fueran los del resentimiento; por eso,

Recuerda: No importa si es un divorcio amistoso o no: lo que es tuyo te pertenece.

como siempre, trataba de agradarle también en esto. Pretendía ahora ser la ex esposa perfecta y agradable; pretendía buscar de nuevo su aprobación. Estaba sumamente equivocada; a pesar de darle cuanto me había pedido en el divorcio, de no exigir nada de lo que legalmente me correspondía, de hacer las cosas lo menos complicadas posible, de todas formas siguió, o más bien sigue aún, tratándome como alguien que no le importa en lo más mínimo y le es indiferente lo que pueda pasar conmigo o con sus hijos.

Problemas económicos

Después del divorcio, los problemas económicos se hacían cada vez mayores. Sabía que tenía que buscar trabajo, pero no quería descuidar a mis hijos, que siempre habían sido mi prioridad. Como ya iban a la escuela, comencé a buscar trabajo de medio tiempo.

Al recordar mis anhelos de ser presentadora, traté de ver si había oportunidades en el mundo de la TV. Logré obtener algunos contratos para hacer comerciales de varios negocios locales de la ciudad de Denver. Me sentía feliz de regresar a hacer lo que tanto me gustaba; pero desafortunadamente el negocio de la TV no es constante, así que no tenía un trabajo fijo ni obviamente un ingreso fijo y, con la mensualidad que recibía de mi ex marido, era imposible sobrevivir. Para mi sorpresa y mi decepción, pues yo había pensado que tendría muchas oportunidades laborales para desarrollarme en Denver, encontrar un buen trabajo estaba siendo mucho más difícil de lo que había pensado, tal y como me había pasado en San Antonio.

También tenía mi carrera de nutrióloga, pero no me servía de nada en Estados Unidos, donde no podía ejercer. Mi título y todos mis conocimientos de nutrición no me daban de comer ni pagaban mis cuentas. Todos los puestos de trabajo que me interesaban pedían experiencia y la única experiencia que yo tenía había sido en México, donde todo es muy diferente. Tenía que empezar de cero y así lo hice.

Dejando mi título a un lado, sabía que esa situación tenía que acabar. En este aspecto también había llegado al límite. Unos días atrás, habían cortado la luz de mi departamento por falta de pago. Le había pedido prestado a mi ex $100 dólares para pagarla y cuando lo hice sólo se rio y me dijo:

> *Recuerda: Hay que asesorarse con abogados. Vale la pena la inversión y, a la larga, es mejor tener cuentas claras.*

—No confío en que me pagues. Además, tú querías divorciarte, ¿no? Pues ahora te chingas.

Y no me los prestó. Ese día lloré y lloré, de coraje, de frustración, de soledad. Sabía que podía acudir a mis padres y a mis hermanos en Saltillo, pero estaban muy lejos y yo necesitaba el dinero para pagar la luz en ese instante. Además, no quería que se preocuparan por mí. Estaba consciente de que, de alguna forma u otra, tenía que salir adelante por mí misma. Para mí, el regresar con mi ex ya no era una opción; por fin me había decidido al 100 por ciento y no iba a echar a perder lo ganado. Tenía ya bastante terreno avanzado.

Al día siguiente, me arreglé y salí de mi casa dispuesta a regresar con un empleo, el que fuera... Tenía la certeza de que encontraría uno. No tenía otra opción. Me fui directamente al *mall* Denver Pavilions, un centro comercial de Denver. Ahí estaba H&M, tienda que me era familiar porque a veces ahí compraba ropa. En esta ocasión no iba a comprar nada, sino a buscar una oportunidad como empleada de ese lugar. Llevé mi solicitud y me hicieron una entrevista. A los dos días me llamaron para darme la noticia de que estaba contratada. Yo estaba muy emocionada y aliviada. "Después de todo —me dije— es mi primer trabajo formal y, mucho o poco, será dinero que yo gane con mi esfuerzo."

Trabajaba medio día, con un sueldo mínimo de 7 dólares la hora. El sueldo era muy bajo y apenas cubría una cuarta parte de mis gastos, pero seguía buscando otras entradas de dinero y de vez en cuando podía hacer un comercial. No me rehusaba a hacer ningún trabajo y buscaba ganar dinero haciendo diferentes cosas: preparando algún postre para un restaurante o también horneaba pasteles para vender entre mis amigas. Hacía lo que fuera para salir adelante y poder abrirme camino yo sola. Casi sin darme cuenta, esto me fue infundiendo seguridad en mí misma. ❣

Una nueva vida

A pesar de todos los problemas económicos de esa temporada, lo más difícil fue quitarme los prejuicios y las pretensiones. Debía asumir mi responsabilidad y hacer lo que fuera necesario para ganarme el dinero de una forma honrada. Seguir "casada" con la antigua Marcela, que un día fui, no iba a sacarme adelante a mí ni a mis hijos: tenía dos chiquitos que necesitaban una mamá fuerte y luchona. Y así, esforzándome, mi vida laboral fue mejorando. Con el mero objetivo de hacer lo mejor que pudiera hacer, fui escalando de un trabajo a otro y fui creciendo. Con el tiempo, logré tener un trabajo mucho mejor pagado, y además conseguí un contrato con unos laboratorios de productos de belleza para ser su imagen. Tenía lo mejor de los dos mundos, económicamente me estaba empezando a ir mejor que nunca y a mis hijos no les faltaba nada.

Por otra parte, definitivamente, mi vida amorosa estaba aún mejor que mi vida económica; el Gringo y yo disfrutábamos de un romance de novela. Él era apasionado y divertido. Pero también posesivo... Esta última característica de su personalidad me era muy familiar; sentía la necesidad de que la relación fuera así y el que no me celaran me parecía aburrido. Estaba tan acostumbrada a eso, que incluso yo también me había convertido en una mujer celosa y posesiva.

La relación con mi ex ya estaba bajo control. Había sido un trabajo interno de muchos meses. No puedo decir que lo hice yo sola. Tuve el apoyo de un grupo de mujeres que habían vivido situaciones muy parecidas a la mía. Intercambiar experiencias hizo que poco a poco, entre todas, nos diéramos cuenta de la vida tan indigna que habíamos tenido que soportar. Y también entre todas nos fuimos dando valor para no dejar que esto continuara.

No puedo decir que todo fue fácil, o que no hubiera recaídas, pero éstas eran cada vez menores y menos dolorosas. Yo ya no permitía que mi ex marido me faltara al respeto. Ya había aprendido a valorarme y quererme a mí misma y ya no permitía que me humillara o gritara, aunque para eso la comunicación tuvo que reducirse prácticamente a mensajes de texto. Eso era suficiente para mí.

Por fin, me sentía liberada y empezaba a ver la luz después de tanta oscuridad.

Y nuevos fracasos

Cuando todo parecía marchar bien, sufrí un duro revés. El Gringo, que creí que tanto me amaba y que dábamos todo el uno por el otro, empezó a tener una actitud distante. Estaba, según él, en el proceso de buscar una nueva SUV un poco más lujosa y grande para él y sus hijos. Con ese pretexto, sus visitas se fueron espaciando y yo no entendía por qué el comprar una camioneta nueva le consumía tanto tiempo, al grado de dejar de verme tan seguido como antes. Y pronto, descubrí por qué... Al poco tiempo me enteré que me estaba "poniendo los cuernos" con una mujer mayor que él, aunque muy guapa, que vendía autos en una agencia automotriz, y ésa era su excusa para verla.

Recuerda: Debes empezar con mucha cautela una nueva relación.

Fue uno de los golpes más duros que jamás había recibido. En ese tiempo, yo hubiera dado todo por él. Yo me había entregado totalmente a esa relación: había enfrentado al mundo entero para estar a su lado, había arriesgado mi reputación, mi matrimonio —bueno o malo, como fuera— y mi familia por él. No podía creerlo. Sufrí, lloré y me lamenté amargamente. Tenía el corazón total y absolutamente destrozado.

Y de nuevo empecé a dudar si la decisión de dejar a mi esposo había sido la correcta. Después de haber terminado con el Gringo, sentí más que nunca el peso de la soledad y me cuestionaba constantemente si había sido lo correcto terminar mi matrimonio. Los remordimientos me atormentaban y, confundida como estaba, en esa época yo ya había olvidado la razón por la cual me había divorciado.

Una vez más: incertidumbre y confusión

De nuevo, dejé que los recuerdos de los momentos que fueron buenos hicieran flaquear mi memoria de lo que había sido mi matrimonio. Borraba todo lo malo y lo único que regresaba era los recuerdos felices; sólo podía pensar en los grandes episodios de mi vida de casada. Entre anhelos y deseos de ser feliz, dudaba cada vez más de mi decisión de haberme divorciado. Y así, regresaron las fantasías de volver con mi ex esposo y hacer las cosas bien.

A partir de entonces, a diario luchaba con la nostalgia y a veces me ganaba. Eran esos días en los que le hablaba a mi ex para pedirle perdón por todo el daño ocasionado, esperando que él se disculpara también por el daño que me había hecho; pero al parecer ya se le había olvidado la crueldad con la que siempre me trató. Jamás escuché las palabras que tanto necesitaba. Algún "lo siento", "no debí de haber hecho eso", o algo

Recuerda: Es difícil que un hombre que ha sido abusador deje de serlo.

parecido. Necesitaba que él admitiera que me había maltratado por tantos años; que por lo menos aceptara un poco de respon-sabilidad, que demostrara un poco de remordimiento, pero eso nunca pasó. Es más, ya estando divorciada, siguió humillándome y haciéndome sufrir cada vez que se le presentaba la oportunidad ya que, cuando iba a la casa a visitar a los niños, aprovechaba esos momentos para seguir atormentándome con cosas del pasado y con preguntas sobre mi vida actual. No sé por qué, pero uno de esos días me confesó algo muy grave, que me dolió y, a la vez, me hizo enojar. Esa vez me hizo una pregunta que me inquietó mucho. Me dijo:

—¿Sabes por qué siempre sabía en dónde estabas?

A lo que respondí:

—No, ¿por qué?

Me contestó, entre cínico y divertido:

—Por tres años tuviste un GPS (sistema posicionador global) en tu auto. Yo se lo puse, es por eso que siempre sabía lo que hacías.

—¿Entonces por qué siempre me estabas cuestionando y dudando de mis respuestas?— le pregunté.

—Ah, es que no era automático, tenía que descargarlo en mi computadora para saber qué habías hecho durante la semana; por eso siempre te preguntaba qué hacías y lo apuntaba en una agenda. Al final de la semana corroboraba si coincidían los datos.

"Ha tenido instalado un GPS debajo de mi carro para saber qué hacía yo en todo momento. Ha sido capaz de usar hasta ese tipo de tecnología para mantenerme bien vigilada. Y haberme enterado de esto hasta ahora...", pensé. Me quedé helada. Era un controlador experto y obsesivo. No podía creer que yo no me hubiera dado cuenta antes. Era tan obvio... Recordé perfecto que en una ocasión le dije que iba a un restaurante con amigas, pero terminamos yendo a otro lugar. No le comenté nada porque no me pareció relevante. A la semana siguiente, me llamó por teléfono desde su oficina, muy enojado y me dijo:

—Me contaron que te vieron en el *Barolo Grill* el sábado, cuando se suponía estabas con tus amigas en el *Blue Bonnet*... Y más te vale que me digas la verdad porque tengo pruebas.

Completamente asombrada, le expliqué, en ese entonces, que habíamos cambiado de opinión y que terminamos yendo al *Barolo Grill*. Me sentía fatal por no haberle dicho nada el mismo día. Estaba en problemas, en serios problemas... El estómago se me revolvió y me sentí mareada; sabía lo que me esperaba. No podía hacer que me creyera; era imposible sacarle de la mente que yo estaba mintiendo y comenzó a acusarme de infiel y mentirosa. Me cuestionó desde en dónde me había estacionado hasta qué había ordenado para beber. Todo le parecía inverosímil. Por meses y meses siguió cuestionándome sobre ese incidente. Yo le decía:

—Pregúntale a quien me vio y deja ya de estar atormentándome.

Como era obvio, no existía tal testigo. En todo momento había sido él con su GPS.

Y pensar que yo me acababa de enterar, tanto tiempo después... Ésta fue una de las cosas que me hacían dudar entre intentar volver con él o mantenerme firme en mi decisión de hacer mi vida aparte. Pero, para ser honesta, estaba en un mar de incertidumbres. Y de soledad.

Terapia psicológica

Tiempo después, conocí la historia de una pareja que asistía al mismo gimnasio que yo. Leí un libro que habían escrito acerca de su divorcio y de un problema de infidelidad que habían vivido y superado; después de siete años de divorcio, se habían vuelto a casar y eran entonces más felices que nunca. Conocer ese caso había llenado mi corazón de esperanza; pensé que sí era posible lograr una buena relación después de una crisis, incluso de una crisis catastrófica como la nuestra. Estaba firmemente convencida de que el amor verdadero perdona y cambia a las personas. Y me preguntaba: si otras personas lo habían hecho, ¿por qué nosotros no?

Ese matrimonio se dedicaba, desde entonces, a ayudar a otras parejas en momentos difíciles; así que propuse a mi ex ir a algunas terapias con ellos. Tal vez aún había esperanza para nosotros. Para mi sorpresa, accedió a acompañarme, lo que me hizo muy feliz, pues yo deseaba con todo mi corazón que pasara un milagro.

La primera sesión no fue muy agradable, en 40 minutos resumimos a grandes rasgos la relación que habíamos tenido

y el problema que enfrentábamos. Ese día, él negó rotundamente que en nuestro matrimonio hubiéramos enfrentado
grandes problemas antes de mi infidelidad y su enfoque del
problema sólo era a partir de ese hecho. Ni siquiera era capaz de
aceptar que, desde que éramos novios, me había humillado. Para
él, los golpes nunca existieron. No era su culpa tener un carácter
fuerte... Fuerte no era precisamente la palabra adecuada. Hasta
mucho después comprendí que mi marido no era un hombre
de carácter fuerte, sino que el abuso, el maltrato y el control al

Recuerda:
*El silencio permite al
abusador seguir ejerciendo
el control.*

que me sometió se deben a un severo trastorno
de la personalidad que tienen algunas personas
como él. Un trastorno severo y complejo del que
entonces yo no tenía conciencia de que existía.

Salí de la primera sesión un poco decepcionada, me sentía avergonzada y frustrada. Todo
era mi culpa, nada de lo que habíamos vivido por más de 15 años
contaba; para él eso era cosas del pasado y ahora sólo quedaba la
infidelidad. Mi infidelidad. Mi responsabilidad. Así que era yo
la que debía esforzarme para que lo nuestro funcionara.

De nuevo en la boca del lobo

No podía creer que me estaba metiendo de nueva cuenta a la
boca del lobo y por mi propio pie, pero tenía que intentarlo. Era
casi como un reto. La esperanza de que todo fuera perfecto me
mantenía firme.

Deseaba ardientemente que mi ex apreciara el esfuerzo
que yo hacía día a día por conservar nuestra relación. Era esa
esperanza que tenemos las mujeres abusadas de que el esposo
o pareja va a cambiar, de que en el fondo nos ama con locura,

pero por "nuestra culpa" no lo ha podido demostrar, lo que a veces nos mantiene atadas, deseando siempre poder escuchar algún día que todo nuestro esfuerzo sí valió la pena. Deseando que sí exista el "vivieron felices por siempre".

Con ese deseo, a pesar de todos los pronósticos en contra, a pesar de que todo indicaba que lo nuestro no iba a funcionar, en esa época, mi ex esposo y yo volvimos a vernos con más frecuencia. Salíamos de vez en cuando a cenar, llevábamos a los niños de paseo y paseábamos como cualquier pareja de novios, con la excepción de que, invariablemente, yo regresaba a mi casa llorando. Todas las veces llorando. Y de nuevo, tenía que soportar sus desprecios y su actitud altanera que me hacían sentir que yo no lo merecía, que yo no merecía nada. Pero aún tenía la esperanza de que con las sesiones venideras las cosas cambiarían. Sin embargo, no hubo muchas sesiones más. Él estaba renuente porque, desde su punto de vista, toda terapia o ayuda externa eran innecesarias; nosotros solos, sin ayuda de nadie, podíamos resolver nuestros problemas y la solución era sencilla: yo debía confesarle todo con lujo de detalles. Debía también darle el acceso a todas mis cuentas, teléfono, e-mail, Facebook y otras redes sociales, y también debía "aguantarlo" cuando tuviera momentos de enojo, porque todo había sido MI culpa.

Recuerda:
La esperanza de ser valorada por la pareja es lo que nos hace permanecer en una relación patológica.

Consideré "aguantarlo" y traté de que continuara con la terapia. De hecho, todavía pensaba que saldríamos adelante cuando regresamos a nuestra segunda sesión, sesión que no era nada barata y que yo tuve que pagar: por 45 minutos tuve que pagar $140 dólares. Él se había rehusado a pagarlos; decía que después de todo yo era la que necesitaba ayuda para quitarme lo infiel... Él no tenía nada malo, él sólo era un buen hombre y un excelente padre. Y si quería seguir yendo con los consejeros, tenía que seguir pagando yo... Era evidente que nuestro caso era complicado. En esa sesión, los consejeros nos dejaron muy claro que, para tratar de tener una buena relación, de ahí en adelante tendríamos que asumir cada quien su responsabilidad de lo sucedido. Él se rehusó por completo y me dijo claramente:

—Yo no he hecho nada malo. Nunca. Y tú lo sabes. Si no puedes con el paquete de solucionar el daño que has hecho a nuestro matrimonio, entonces mejor lo dejamos y ya no seguimos perdiendo el tiempo.

Agregó que yo tenía que considerar que, después de todo, yo misma era la única culpable de sus arranques de ira y, por lo tanto, también debía respetar que él "tuviera" que desahogarse de alguna manera, ya fuera con insultos o gritos. Yo debía aceptar que eso era "normal" debido a lo desgraciada y mala que había sido con él. Una mala esposa. Y, al parecer, debía pagarlo por el resto de mi vida.

Me imaginé entonces pasar el resto de mi vida a su lado... Pagando por siempre el haber sido una "mala" esposa... Me dieron escalofríos.

Fue hasta ese momento en el que me di cuenta de que "no es posible cambiar a alguien que no quiere cambiar". Esta frase la había escuchado miles de veces, pero hasta ese día supe exactamente su significado. A pesar de la gran culpa y de las ganas que tenía que todo fuera perfecto, debía aceptar que eso jamás sucedería. Me sentía tan despreciada y a la vez tan necesitada de aliviar sus penas... Me sentía responsable de nuestro matrimonio fallido y a la vez tan desesperanzada que las cosas fueran a mejorar.

Y hoy a la distancia, puedo ver lo contradictorio de mis sentimientos: sentirme despreciada y, a la vez, con deseos de aliviar sus penas. Volvía a sentirme responsable del fracaso matrimonial. Y, como en el pasado, era yo la que cargaba toda la responsabilidad; yo, la que había fallado, la que había sido infiel y, algo que ahora me parece increíble: yo, la que buscaba afanosamente solucionar nuestros problemas y continuar dentro de un matrimonio que no tenía ningún remedio. Un matrimonio que significaba enfrascarme de nuevo en una relación de control y abuso.

Tenía que tomar una decisión de una vez y por todas: me quedaba atada a una relación en donde jamás sería valorada y apreciada o me alejaba para siempre y seguía una vida desconocida para mí; una vida tranquila, en paz y sin pareja. Una pareja que no necesitaba para ser feliz.

Me armé de valor y, una vez más, tuve que enfrentarlo y decirle que no estaba dispuesta a cargar toda la responsabilidad de lo sucedido con nuestro matrimonio, que me alejaba definitivamente, y le aseguraba que en esa ocasión era para siempre. Aunque en parte, sólo por un tiempo, tuve un retroceso en todo lo que había ganado, el duelo empezaba una vez más. No sé de dónde saqué nuevamente fuerzas y pude enfrentar todo el coraje y el resentimiento que él sentía hacia mí; que se había intensificado aún más en la última temporada.

Recuerda: El abusador NUNCA cambia, salvo muy contadas excepciones.

Un año difícil

El divorcio ya era total y definitivo. Al menos, esa vez así lo creía.

Comencé a salir con otras personas... Ya habían quedado atrás mi ex y el Gringo. El haber tomado la decisión de haberlos podido alejar de mi vida me daba una sensación de poder, de libertad, de control que hacía mucho tiempo no sentía. Además, estaba acudiendo a terapia para salir adelante y me sentía capaz de estar tomando yo sola mis propias decisiones. Aunque lentamente comenzaba a recuperar mi autoestima, todavía tenía episodios de nostalgia y de miedo. Sabía que por ahora debía aprender a estar sola por un tiempo; pero, aun así, en ocasiones me preguntaba si alguna vez conocería a alguien que me respetara como yo quería o si, tal vez, estaba en un error y mis expectativas eran irreales. Los días pasaban lentos y, aunque sentía un gran alivio, había quedado muy afectada por el divorcio y no estaba lista para ninguna relación nueva. Las palabras de mi ex: "nunca vas a encontrar alguien como yo" o "yo soy mejor que cualquiera" resonaban en mis oídos: era como si las tuviera grabadas en mi mente y llegué a pensar *de nuevo* que él tenía razón.

Recuerda:
No debes sentir que "fracasaste" si rompes una relación abusiva.

Sin embargo, a los pocos meses, contra todo lo que recomendaba mi terapeuta, reanudé mi relación con el Gringo y en esa ocasión me convenció: me juraba amor eterno. Dos meses después nos comprometimos. Desesperadamente buscaba estabilidad; creí que al casarnos la tendría.

Esas relaciones repentinas y arrebatadas nos parecen muy atractivas en un principio; pero detrás de esa "urgencia", lo único que existe es una gran inseguridad, es aferrarnos a una tabla de salvación. Casi inmediatamente después de habernos comprometido, comenzaron las diferencias. Al poco tiempo me di cuenta de que él seguía muy involucrado sentimentalmente con su ex, y yo, por mi lado, creo que aún no había dejado de ir del todo el recuerdo de mi ex marido. Ambos seguíamos tratando de complacer a nuestras respectivas ex parejas. A pesar de los deseos de querer formar una nueva familia, fue imposible lograrlo con tantos problemas que tuvimos precisamente por esos motivos.

Ante mi impotencia, veía cómo él le daba prioridad a "ella" en todo. Trataba de entender la situación y platicar con él al respecto, pero mi voz jamás fue escuchada. Me di cuenta de que me estaba convirtiendo en una mujer quejumbrosa, siempre triste y constantemente pidiendo más atención.

Durante ese tiempo empecé a sentirme sumamente enferma, con fiebre y dolor de cabeza. Tenía un gran cansancio, debilidad total, una erupción en la piel que iba y venía y dolores articulares muy intensos y paralizantes. Los doctores tardaban para darme un diagnóstico; fue un penoso recorrido de consultas médicas y estudios de laboratorio, un tiempo en el que sufrí intensos dolores físicos y un devastador agotamiento. La espera de resultados fue tediosa y cada día yo me sentía más triste, súper triste, sobre todo porque sabía que cada día de enfermedad perdía al Gringo más y más. No podía creer que mi salud se hubiera deteriorado hasta ese grado; siempre había sido muy deportista y mi alimentación, muy sana. ¿Qué estaba pasando?

Con mi falta de energía, ya no podía acompañarlo a los múltiples eventos sociales ni a las actividades deportivas de los niños. Me quedaba en casa, llorando y maldiciendo mi situación; pensaba en el futuro y me aterraba no poder disfrutar la vida con mis hijos, como lo había hecho antes. Me sentía una mala madre y mala compañera del Gringo.

Era un momento de mi vida en el que necesitaba más apoyo que nunca y lo único que podía pensar era que él, en lugar de estar conmigo en esos momentos, aprovechaba para compartir más y más con su ex, alejándose cada vez más de mí. Me invadió sobre todo una gran impotencia, especialmente porque él no me estaba dando la seguridad que tanto le había yo pedido. En ese tiempo mi autoestima estaba, otra vez, realmente por los suelos: más baja que nunca. No me sentía merecedora de nada, enferma y triste. Ni siquiera quería yo pasar tiempo conmigo misma.

Por fin me dieron la noticia de que era posible que tuviera una enfermedad tropical. Seguramente a resultas de un viaje que hice con el Gringo al Caribe. Saber eso, ya era un consuelo, aunque debían hacer muchos otros exámenes para determinar cuál de todas era la que yo padecía.

Al principio me daba miedo el diagnóstico, pues ya llevaba varias semanas con los síntomas y, después de otra serie de exámenes y consultas donde los especialistas analizaron los resultados, me dijeron que "tal vez" era dengue, una enfermedad transmitida por un mosquito, que puede involucrar fiebre, dolor, rigidez y debilidad muscular, erupciones en la piel e inflamación de articulaciones. Con ese diagnóstico, aunque incierto, me sentí aliviada de saber, por fin, que lo que tenía sí era real y podría empezar cuanto antes mi tratamiento con varios fármacos.

La enfermedad pudo ser más o menos controlada y mi organismo comenzó a responder. Como mis defensas estaban muy bajas por tanta tensión emocional, me tomó meses enteros empezar a sentirme mejor, pero aun así no podía decir que hubiera regresado a la normalidad. Luchaba día a día por recuperar las ganas de vivir. La enfermedad me había enseñado que los momentos de salud, de felicidad y de bienestar no tienen precio. Mis hijos me necesitaban fuerte y feliz; así que me esforcé en seguir las

Recuerda: Hay que atender los síntomas físicos de los padecimientos psicosomáticos provocados por una relación enfermiza.

indicaciones de los médicos. Cuando recuperé un poco las fuerzas y me sentí mejor, comencé a ver la realidad: me di cuenta de que al lado del Gringo no sería feliz.

En menos de un año de compromiso me quedó muy claro qué lugar ocuparía yo en su corazón, en caso de seguir con él... Por fin, después de una gran lucha interna, lo decidí: "Él no es lo que yo quiero". No tenía por qué seguir sufriendo de nuevo en una relación que no me hacía feliz ni tampoco debía perder mi tiempo tratando de cambiar a alguien: ya había perdido cerca de 17 años de mi vida con mi ex y no pensaba volverlo a hacer con el Gringo. Tomé una determinación sumamente difícil: terminar con él. No habría boda. A pesar de que por un tiempo creí haber encontrado una pareja estable, debía alejarme de él si quería tener la vida que yo deseaba.

Por fin, en esos momentos, estuve consciente de que quería estar sola y únicamente disfrutar a mis hijos. Ellos y yo nos cambiamos a un pequeño departamento en el cual fuimos sumamente felices, a pesar de que yo tenía el corazón completamente roto. Pero aun así, fui capaz de ver que tenía tantas cosas por qué estar agradecida... ¡Especialmente salud!

A esas alturas no quería saber nada del amor, quería dedicarme sólo a mis hijos y, ahora sí, seguir con los consejos de mi terapeuta y estar por mi cuenta. No necesitaba de una pareja para ser feliz. De hecho, salí con un par de personas pero mi corazón no estaba listo. La pasaba bien, pero le tenía un miedo total a la palabra "relación". Por el momento, tenía trabajo estable, salud, el amor de mis hijos y no pedía nada más. No quería nada más.

Y así, con una mentalidad nueva, con la certeza de que mi felicidad sólo dependía de mí y de nadie más yo sabía que me encontraba, por fin, en un nuevo inicio.

Un inicio donde sólo yo tendría el control de mi vida. ❣

146

Aparece el amor

Así estuve por casi dos años, sola con mis niños y trabajando en una agencia de publicidad. Un compañero de trabajo y yo empezábamos una campaña publicitaria muy importante lo que me motivaba mucho. Cada vez nos hacíamos más amigos y nos fuimos dando cuenta de que compartíamos los mismos gustos y la pasábamos bien. Por mi parte, sin ninguna intención. No había nada más. Le contaba mis cosas y él a mí. Sin embargo, poco a poco comenzó a tener otro tipo de atenciones conmigo, como llevarme flores al trabajo cuando sabía que estaba pasando por un momento difícil, llegaba con boletos para ir al básquetbol, no sólo para mí, sino también para mis hijos. En casa, era igual de atento conmigo que con los niños o con mi familia cuando me visitaban. Poco a poco se fue ganando mi atención, aunque yo seguía completamente convencida de que no quería ninguna relación. Mi corazón estaba cerrado. Eso pensaba entonces...

Yo desconfiaba y no quería darle ningún significado especial a su conducta. Creía que se comportaba así sólo para llamar mi atención y que, seguramente, con el tiempo esos detalles desaparecerían.

En esos momentos yo estaba consciente de que mi autoestima necesitaba atención, así que me dediqué a trabajar en recuperar todo lo que había perdido de mi propia imagen. Poco a poco, al sentirme independiente, más fuerte y sobre todo teniendo el control de mi vida y mis decisiones, comencé a sentirme mucho mejor conmigo misma. El tomar mis propias decisiones y vivir una vida de libertad y entusiasmo, me hacía sumamente feliz.

Todos los días dedicaba un tiempo para mí. Como vivía atrás de un bosque hermoso, podía caminar varias veces por semana, lo que, además del beneficio físico, me daba una paz mental increíble. Alternaba el bosque con otras disciplinas que me ayudaron mucho y otros días practicaba yoga. Poco a poco me fui alejando de los pensamientos negativos y recuperando el amor más importante: **el amor propio.**

Cómo les afectó a los hijos

No era únicamente yo quien tenía que recuperar el amor propio y la tranquilidad. Estaba consciente de que mis hijos también tenían que sanar. Cuando mis niños eran pequeños y yo todavía estaba envuelta en la relación abusiva de mi primer matrimonio, debido a la conducta de mis niños comencé a darme cuenta de que lo que estaba viviendo en casa no era normal. En ese entonces un día abrí los ojos y decidí que ésa no era la clase de vida que yo les quería dar y más tarde, en parte por ellos, tomé una decisión de la cual no me arrepiento.

Hoy, veo que sí les costó bastante trabajo superarlo... Los llevé a terapia cuando me di cuenta de que mi hijo tenía muchos síntomas de ansiedad: siempre estaba preocupado por mí y por su hermana, y hasta la fecha sigue sintiéndose responsable de cuidarnos. Como esto se daba frecuentemente, decidí que necesitaba ayuda profesional de un terapeuta especializado en adolescentes y le ayudó muchísimo platicar con alguien acerca del tema. Cuando yo estaba casada con su padre, mi hija era más chica y aparentemente no le había afectado la violencia doméstica tanto como a su hermano; aunque al principio no noté muchos cambios de conducta, luego me di cuenta de que su personalidad sí había cambiado un poco. Se había vuelto más retraída, indiferente y distante, como en su propio mundo. Entonces también empezó a asistir a terapia. Le ha tomado tiempo, pero, después de varios años, veo asomarse nuevamente en ella una personalidad alegre y extrovertida.

Cuando una se ama y respeta a sí misma empieza a tomar sólo las oportunidades que van de acuerdo con el estilo de vida que nos corresponde. Mi vida comenzó a tener cambios bellos, especialmente la liberación del alma.

Comencé una relación formal con el hombre que había sido mi compañero de trabajo, en la cual sigo hasta la fecha. Soy tratada con mucho respeto, amor, libertad, comprensión y, sobre todo, tengo de su parte un apoyo incondicional. Me di cuenta de que el verdadero amor te deja ser y te acepta como eres. Y, sobre todo, me di cuenta de que el verdadero amor **sí existe**. El amor sin control.

El verdadero amor no limita y busca tu felicidad.

Ahora no tengo miedo de decir lo que pienso. No tengo miedo a ser traicionada. No tengo miedo a contar mis sueños, pues sé que mi pareja en lugar de reírse de ellos me apoyará.

Mi vida ha cambiado de una forma hermosa: me convertí en voluntaria en un centro para mujeres y me apasiona ayudar a otras personas que pasan por momentos de duda y dolor. Mi felicidad es total y nada me da más satisfacción que ayudar a otras personas a encontrarse a sí mismas y, por consiguiente, ayudarlas a lograr su felicidad.

No fue un camino fácil, pero valió la pena al 100 por ciento. Cuando volteo hacia atrás, me doy cuenta de lo infeliz que era, de lo controlada que estaba y del miedo que me invadía. El cambio no fue de la noche a la mañana; requirió de terapia y de grupos de apoyo. Requirió de mucho esfuerzo y voluntad. Pero, desde el instante que decidí terminar con las relaciones que me dañaban y al ponerle atención al amor más valioso que podamos tener, el amor a nosotros mismos, comencé a ver la luz.

Sí, es verdad, en ocasiones me desesperé, me arrepentí, me frustré y retrocedí, y ojalá hubiera habido alguien entonces que me garantizara que todo iba a estar bien. Si eso hubiera sucedido, tal vez hubiera podido vivir esos momentos con más facilidad. Pero no lo hubo y de todas formas

Recuerda:
Una relación positiva, madura y libre sólo se descubre con el tiempo.

salí adelante. Yo te quiero decir que todo va a estar bien, que en los momentos de dudas hay que mantener en tu mente y en tu corazón el deseo de ser feliz y vivir una vida en paz, NOS LO MERECEMOS. El dolor pasa con el tiempo, pero el amor, la dedicación, el tiempo y la atención que te pongas a ti misma prevalecerán por siempre. No hay que darnos por vencidas. Recordemos siempre que el amor no es control.

La historia de Marcela es muy parecida a la mía. A la de muchas mujeres. Permitimos que, por amor, nuestra vida se convierta en un infierno al estar atrapadas en una relación de abuso y control. Pero el amor no es así... Y durante mucho tiempo no fuimos capaces de salir de esa relación. Una relación que, a fin de cuentas, nosotras permitimos que fuera así. Ahora, a la distancia, me pregunto por qué. He aquí las respuestas. ❣

En busca de una relación sana

Pienso que, al igual que Marcela, he sido muy afortunada de haber podido ser capaz de dejar atrás todos los años de violencia que viví. Sin embargo, el mérito de haberlo logrado no es sólo mío. He tenido la suerte de contar con una familia, en especial mis padres y mis hermanas, así como de un grupo de amigas, que siempre me han ayudado en los peores momentos. Y desde hace unos años, he tenido la fortuna de haberme encontrado con un hombre que me ha mostrado lo maravillosa que puede ser una verdadera relación sana en pareja.

El apoyo que he recibido en los momentos más difíciles de mi vida me ha hecho ver que hay otras personas que también necesitan ayuda; así que me hice el propósito de escribir este libro, para que otras mujeres vean que la violencia, en cualquiera de sus manifestaciones, es mucho más común de lo que ellas creen, y para que se den cuenta de que existe otro tipo de vida diferente al que ellas han llevado, tal vez, durante muchos años. Por eso, además de relatar mi experiencia y la de Marcela, he reunido textos, cuestionarios, datos e investigaciones de otras personas que hablan sobre la problemática que viví. La intención de los cuestionarios que se incluyen es que la mujer que ha sufrido de abuso pueda abrir un diálogo consigo misma, pues, en muchas ocasiones, ella es la primera que no puede o no quiere darse cuenta de la realidad. Una realidad que es difícil de aceptar y de cambiar... Y aunque ningún caso es idéntico a otro, se necesita ayuda, orientación, voluntad y determinación para enfrentar el miedo al futuro y dar los pasos necesarios hacia la salud emocional y hacia la felicidad.

¿Por qué permití durante tantos años una relación intra-familiar de violencia? ¿Por qué hay tantas mujeres que, como yo, también lo han permitido? Hoy, después de tanto tiempo, comprendo lo que es una relación sana. El entenderlo mejor ayudará a saber lo que debe buscar una mujer en futuras relaciones.

Características de una relación sana

En una relación sana:

- Existe libertad de expresar sentimientos y creencias sin miedo a ser rechazado.
- Resolución de problemas en forma civilizada, respetando un compromiso mutuo por el bienestar de la relación.
- Apoyo incondicional de uno a otro miembro de la pareja. En una relación sana ambos se motivan para lograr sueños y objetivos personales.
- La pareja se da espacio, respeta su privacidad y comprende que no porque sean pareja "tienen" que compartir todos los detalles ni cada minuto del día.
- Confían uno en el otro y no viven con miedo de ser defraudados.
- Puede tener cada uno sus amistades y pasar tiempo con ellas sin sentirse "culpable".
- Respetan los gustos de cada quien.
- Jamás obligan a la pareja a decir que sí o a actuar en contra de su voluntad.

Relación abusiva   vs.   relación sana

Por lo general	
El hombre en una relación abusiva es:	**El hombre en una relación sana es:**
Celoso	Seguro de sí mismo
Controlador	Da libertad a su pareja
Quiere compromiso rápido	Tiene paciencia con la relación sana
Emplea el abuso verbal	No usa insultos
Tiene expectativas irreales	Asume su responsabilidad
Aísla a la pareja	Busca convivencia con familiares y amigos
La obliga a tener sexo	Jamás la obliga a tener sexo
Reacciona en forma impredecible	Tiene un temperamento estable
Usa fuerza física, golpes y gritos	Nunca insulta o golpea a su pareja

Decálogo de la mujer maltratada[1]

1. ¡¡No estás sola!! Lo que te pasa a ti le sucede a muchas otras mujeres. La violencia de género es universal y no conoce clases sociales, edad, nivel cultural, económico ni razas.

2. Si dudas sobre si eres maltratada... lo más probable es que lo seas.

3. No es culpa tuya.

4. Él no va a cambiar por muy fuerte que sea tu amor y por muchas promesas que te haga.

5. Cerrar los ojos y callar no harán que el problema desaparezca.

6. No debes aguantar una situación de violencia por la opinión de tu familia, el "qué dirán", o por el futuro de tus hijos. Ellos también sufren con esa situación.

7. Hay formas de abandonar una relación destructiva, aunque por el momento no veas la salida.

8. Eres más fuerte y más valiosa de lo que crees.

9. Si valoras tu autoestima y la mantienes positiva, sabrás que tu dignidad y tu integridad emocional y física están por encima de todo.

10. Si te quieres a ti misma, lograrás que los demás te quieran y te respeten.

----

1   Publicado en: *Mujer sin cadenas*, blog de Crisálida Perenne. http://mujersincadenas. blogspot.mx/p/decalogo-de-la-mujer-maltratada.html

Acta de derechos de la mujer maltratada[2]

- Yo tengo el derecho a no ser golpeada jamás.

- Yo tengo el derecho de cambiar la situación.

- Yo tengo el derecho de vivir libre del temor a ser golpeada.

- Yo tengo el derecho de requerir y esperar una correcta atención por parte de la policía y los sistemas de atención que necesite.

- Yo tengo el derecho de compartir mis sentimientos y no ser aislada de familiares, amigos y otras personas.

- Yo tengo el derecho a ser tratada como una persona adulta.

- Yo tengo el derecho a salir de un ambiente de maltrato.

- Yo tengo el derecho a mi privacidad.

- Yo tengo el derecho de expresar mis propios pensamientos y sentimientos.

- Yo tengo el derecho a desarrollar mis habilidades y talento personal.

- Yo tengo el derecho de denunciar a mi esposo/compañero golpeador.

- Yo tengo el derecho a no ser perfecta.

----

2 Publicado en: *Equilibrio y Elección*. https://equilibrioyeleccion.wordpress.com/no-violencia/acta-de-derechos-de-la-mujer-maltratada/

¿Amor, miedo o codependencia?

La codependencia tiene muchas definiciones, pero en el caso de violencia doméstica se puede definir como una conducta en la que la identidad e incluso el propósito de vida se basan completamente en las necesidades y deseos de la pareja. En la codependencia se hacen a un lado los propios deseos y las propias necesidades para cumplir las de la otra persona.

¿Es posible saber si una persona es codependiente de su pareja?

Hay quien afirma que la conducta codependiente proviene desde la infancia y que es una conducta aprendida o adquirida a lo largo de los años. Se ha visto que hijos de padres alcohólicos, drogadictos, coléricos o con algún tipo de adicción aprenden desde muy pequeños a "irse con cuidado" y a no "molestar" a la persona enferma, haciendo a un lado las propias necesidades para cumplir las de ellos.

El siguiente cuestionario puede ayudar a saber si una persona es codependiente de su pareja:

- ¿Reconoce la mujer que está siendo maltratada, pero aun así no puede dejar al abusador?
- ¿Hace "sacrificios" por su pareja, aunque sea en contra de su voluntad y de sus propios deseos?
- ¿Ha hecho a un lado sueños y aspiraciones propias por ayudar a su pareja a cumplir los suyos?
- ¿No imagina "la vida sin él", a pesar de los maltratos?
- ¿Cuando la pareja le pide un favor es imposible decirle que "NO"?
- ¿Siente que no es merecedora de recibir ayuda o cumplidos de nadie?

- ¿Prefiere no expresar sus propios sentimientos para evitar una pelea?
- ¿Cree que sin la ayuda que la mujer le da, él no podría salir adelante "solo"?

Hacer a un lado las propias necesidades y aspiraciones da como resultado que se pierda el propósito de la propia vida, que la autoestima baje aún más y que poco a poco se llegue a un estado de desesperanza y depresión. Esto es codependencia.

Y es importante considerar que darse cuenta de que una mujer está siendo abusada es tan importante como saber si está adquiriendo una conducta codependiente.

Sin embargo, una vez aceptado este hecho, existe esperanza y formas de salir del problema. El primer paso hacia una vida mejor es analizando lo que está mal; una vez detectado el problema, es preciso empezar a trabajar en ello. ¿Cómo se logra? No hay una forma que sirva para todos los casos, ni existe tampoco receta mágica; pero una terapia individual es una buena medida, en la cual, con la ayuda de un experto, se pueda descubrir la raíz del problema, que tal vez se haya formado a partir de alguna experiencia en la infancia. También existen muchos grupos de apoyo para personas codependientes: ciertas instancias gubernamentales y algunas iglesias tienen grupos de ayuda. En caso de no encontrar ninguno, es posible iniciar un grupo de ayuda, con la conducción de un psicólogo que maneje las sesiones.

A medida que transcurra el tiempo, la persona codependiente puede sentirse mejor, más fuerte y empezar a valorar y a realizar sus propios deseos. Al ver que sus aspiraciones son tan importantes como las de su pareja, la actitud empezará a cambiar y poco a poco aprenderá a decir que "NO". Así, dejará de permitir cualquier cosa que vaya en contra de su propósito de vida. ❣

158 | Violencia intrafamiliar

Puede considerarse que la "violencia intrafamiliar" comprende el abuso emocional, físico, económico y sexual. Existen varias definiciones de violencia intrafamiliar o doméstica, que tiene varias manifestaciones, pero todas coinciden en que es un patrón de conducta en parejas sentimentales en el cual uno de sus miembros exhibe una conducta abusiva para ganar o mantener sobre el otro el control en la relación.

Igual que el abuso, la violencia intrafamiliar puede ser: física, emocional, sexual o financiera; no obstante, en la mayoría de los casos es una combinación de estos tipos de abuso. El abusador presenta esta conducta con objeto de intimidar, manipular, aterrorizar, culpar y lastimar a su víctima.

Resulta casi imposible describir todas las formas de abuso físico. Éste puede empezar con un ligero empujón, un apretón más allá de lo normal; por ejemplo, cuando él lleva del brazo a la mujer. Esta conducta siempre es justificada al principio: "No seas exagerada", "es que te ibas a caer y te detuve", "qué delicada te estás volviendo, si no pasó nada", "no hagas caso, si es un rasponcito". Y el abuso va manifestándose más claramente cuando la toma del cuello, cuando la avienta con fuerza o la arroja contra la pared o le aprieta las mejillas, una pierna o cualquier otra parte del cuerpo y le deja huella.

No importa que no se llegue abiertamente a los golpes. Este tipo de conducta es abuso físico y es común que muchas mujeres piensen que "si él no me golpea" no es un hombre abusador, simplemente tiene sus malos momentos, pero nada que no se pueda remediar. Es importante recalcar aquí que este tipo de actitudes son mucho más comunes que los puñetazos y que, en ocasiones, pueden llegar a ser incluso más destructivas que éstos.

¿Sólo golpes en el abuso físico?

El abuso físico viene a la mente de algunas personas cuando escuchan la palabras "violencia intrafamiliar o doméstica". Pero el abuso físico es sólo una de sus manifestaciones y no únicamente incluye los golpes; aunque sí, este tipo de abuso es el más fácil de reconocer cuando existen golpes.

Muchas mujeres se sorprenden al saber que hay algunos actos de abuso físico que no involucran golpes. Y es muy importante reconocer este tipo de abuso para poder frenarlo a tiempo. Cuando se deja crecer, el abuso físico puede llegar a casos extremos, en donde la incidencia de muerte es muy alta, ya sea por muerte "accidental", durante el ataque, o por muerte "intencional".

Tácticas de abuso físico

Existe abuso físico si la pareja utiliza o ha utilizado alguna de estas tácticas de abuso:

a) Abuso físico con golpes es la forma más obvia y reconocida por todos:
- Patadas.
- Bofetadas.
- Puñetazos.
- Mordidas.
- Asfixia.
- Jalones de cabello.
- Golpes a los hijos y mascotas.
- Apretones de brazos y piernas.
- Empujones.

b) Abuso físico sin golpes, que es más sutil y difícil reconocerlo como tal. He aquí algunos ejemplos:

- Prohibición de comer o dormir.
- Prohibición de recibir atención médica.
- Destruir objetos propiedad de la mujer o de la familia.
- Pegarle a las paredes o estrellar objetos contra ellas.
- Amenazar a la mujer con armas.
- Encerrarla en su casa.
- Abandonarla en lugares desconocidos.
- Manejar peligrosamente cuando la pareja va en el auto.
- Obligarla a consumir alcohol o drogas.

La lista es larga y sólo se han anotado algunos.

Abuso emocional

El abuso emocional deja heridas y cicatrices que no se ven a simple vista, pero que tienen efectos devastadores en la autoestima de la mujer. Este tipo de abuso es real y, al igual que el abuso físico, nunca debe pasarse por alto.

A veces, el abuso emocional es difícil de reconocer ya que con el tiempo la mujer puede empezar a creer todo aquello que el abusador le dice, y hasta llega a culparse a sí misma por los abusos de su pareja. Llega a creer que todo ¡es culpa suya! Y, además, que merece el maltrato. Al principio, el abuso emocional es básicamente una táctica que el abusador utiliza para ganar control sobre la relación y con frecuencia para prevenir que ella lo abandone.

Más adelante, cuando ha aumentado el nivel de violencia y ha causado más estragos en la vida de su pareja y él ya sabe que la tiene "segura", con su autoestima cada vez más baja, ella se siente cada vez más débil e impotente para alejarse de ese hombre. Y, así, se recrudece el abuso.

Aunque una mujer puede haber tenido una baja autoestima desde antes de conocer a su pareja, con seguridad, después de haber escuchado tantos insultos y opiniones negativas, él ha logrado que la imagen que ella tiene de sí misma sea cada vez peor. La mayoría de las veces es el abusador quien consigue, por medio de actos denigrantes, que su pareja pierda poco a poco la autoestima.

Es importante tener en cuenta que, por lo general, las mujeres víctimas de abuso emocional son más susceptibles a la depresión, la ansiedad y el suicidio, por lo que requieren casi siempre de ayuda profesional.

Tal vez, el abuso emocional no se llegue a convertir en abuso físico, pero aquél tampoco debe tomarse a la ligera; si el maltrato de cualquier tipo de conducta se agudiza y, por algún motivo, el abusador siente que está perdiendo poder sobre su pareja, es precisamente en casos extremos cuando la vida de ella puede correr peligro. Si siente que el abusador está llegando a niveles de riesgo, es necesario que busque ayuda, que lo denuncie y que trate de proteger su bienestar a toda costa.

¿Está una mujer siendo abusada emocionalmente?

El siguiente cuestionario ayudará a la mujer para poder identificar si está dentro de una relación de abuso emocional. Para poder alejarse de esa situación tan dañina es necesario responder con honestidad, pues el primer paso hacia el camino de la felicidad es estar consciente de que la relación que se vive es de control y abuso.

- ¿Ella debe pedir permiso antes de tomar cualquier decisión?
- ¿Su pareja le habla y la trata como si fuera una niña o alguien mentalmente impedido?
- ¿Le exige que justifique todos sus gastos y que explique los movimientos financieros que hace?
- ¿Sus planes y sueños son ignorados por él?
- ¿Se burla o minimiza la importancia de sus logros?
- ¿Debe andar con mucho cuidado a su alrededor para evitar que explote, como si caminara por un "terreno minado"?
- ¿Ella está siempre al pendiente del estado de ánimo de su pareja?
- Desde que empezó la relación, ¿ha dejado de ver a amigos y familia?
- ¿La pareja exige a la mujer que las cosas se hagan siempre a su manera?
- ¿Constantemente le hace escenas de celos?
- Con frecuencia, ¿la acusa de coquetear o de serle infiel?
- ¿Él cree que siempre tiene la razón?
- ¿Nunca lo puede complacer con nada?
- ¿Critica la forma en que ella se viste o se arregla?
- ¿Quiere que cambie su forma de ser?
- ¿Se burla de ella o hace comentarios incómodos frente a otras personas?
- ¿La culpa por sus problemas?
- ¿La culpa por las reacciones violentas que él mismo tiene?
- ¿La presiona de alguna manera para tener sexo?
- ¿La convence de hacer cosas que ella no quiere o que no le gustan?
- Con frecuencia, ¿la amenaza con buscarse a otra persona si ella no accede a sus sugerencias o a sus órdenes?
- ¿La amenaza con maltratar a los hijos o a las mascotas?

Si la víctima ha contestado que sí a más de la mitad de estas preguntas definitivamente está siendo abusada; pero si contestó afirmativamente a sólo algunas, debe tener mucho cuidado también, pues son indicadores de que la relación puede llegar a ser de franco abuso emocional.

Estas preguntas ayudan a la víctima a ser más consciente de su situación. Al reconocer el abuso, le será mucho más fácil salir del ciclo vicioso en el que se encuentra. Su vida puede cambiar para bien.

Manifestaciones de abuso emocional

El abuso emocional, que es también conocido como abuso psicológico o verbal, tiene muchas manifestaciones. Los expertos incluyen en esta categoría acciones tales como cuando el abusador:

- Acecha y vigila a su pareja en todo momento.
- La humilla, la intimida, la degrada.
- La asusta, le grita, la insulta.
- Hace escenas de celos injustificados.
- La aísla de familiares y amigos.
- Niega que exista abuso en la relación.
- La culpa por sus reacciones: "Tú me provocas", "Tú me haces enojar", "Me pongo así por tu culpa".
- Controla sus acciones y sus gustos.
- Critica su conducta, su forma de vestir, de hablar, de comer.
- La ignora como castigo. No le habla en varios días.
- La exhibe y la avergüenza en público.
- La trata como si fuera una niña o como si tuviera algún tipo de retraso mental.
- Muestra cualquier otra actitud con la que pueda desvalorizar, intimidar y ganar control sobre la mujer.

- Constantemente le dirige:
  - Amenazas de todo tipo: "Ya verás, me voy a conseguir otra mejor que tú", "Nunca encontrarás a otro como yo".
  - Amenazas más serias como quitarle a sus hijos, o suicidarse si ella lo abandona.
  - Amenazas de que va a golpearla o herirla gravemente.
  - Amenazas mostrándole palos, cinturones, navajas, cuchillos o pistolas: "Esto es lo que voy a usar contigo", "Aquí hay una pistola guardada en mi bolsillo, por si acaso...".
  - Amenazas veladas, que a veces causan más inestabilidad y miedo que una amenaza concreta: "Ya sabes lo que te pasará si no haces las cosas como a mí me gustan...", "Nada más pórtate mal y ya verás lo que sucede...".
  - Amenaza con describir su conducta en la cama o con decir sus secretos.

Abuso sexual

La finalidad del abuso sexual es la misma que los otros tipos de abuso: "ganar control sobre la pareja". El abuso sexual en la pareja es difícil de reconocer y hablar de él es aún más difícil, debido a que la mujer se siente sumamente avergonzada y ni siquiera es capaz de reconocerlo aun ante sí misma, mucho menos aceptarlo delante, por ejemplo, de alguna amiga o familiar.

Para las víctimas de abuso sexual dentro de una relación de pareja este suceso es muy confuso y existe mucha desinformación al respecto. En la mayoría de las ocasiones, cuando se escucha "abuso sexual", automáticamente se piensa en una violación, donde la víctima es asaltada por la fuerza física y en contra de su voluntad, y es forzada a tener relaciones sexua-

EL AMOR NO ES CONTROL

165

les. Sin embargo, el abuso sexual en las parejas, por desgracia, puede estar disfrazado: es difícil de reconocer y mucho más difícil de poder acusar legalmente al abusador.

Es bastante frecuente que la mujer que lo ha padecido haya preferido callar y cerrar los ojos. Simplemente espera que no vuelva a pasar. Sin embargo sucede, una y otra y otra vez...

Se considera que hay tres tipos de abuso sexual: asalto sexual, abuso sexual coactivo y abuso sexual indirecto o sutil.

a) El asalto sexual es el más obvio y, por tanto, el más fácil de reconocer. Se distingue por:
   - Violentar sexualmente a la mujer en cualquier forma.
   - Forzarla a tener sexo oral, vaginal o anal.
   - Utilizar armas.
   - Morder, golpear o lastimar durante el acto sexual.
   - Realizar actos denigrantes como orinar sobre la mujer.
   - Uso de juguetes sexuales en contra de su voluntad.

b) El abuso sexual coactivo:
   Es todavía más difícil de reconocer que el anterior, puesto que el abusador debe "convencer" a la mujer para que acceda a tener relaciones sexuales aun cuando ella haya dicho que "no" desde un principio. Él se asegura de no forzar a la mujer a nada que ella "no quiera"... Y usando diversas tácticas, finalmente el hombre abusador termina por convencer a su pareja de hacer lo que él quiere y no porque ella realmente lo desee, sino porque a veces es más fácil acceder que pasar toda la noche discutiendo y tener otro tipo de consecuencias, tal vez más violentas. Desafortunadamente, esto deja a la mujer sintiéndose confundida, traicionada y sucia.

Obviamente, la mujer piensa que no es posible reportar o denunciar una conducta así, porque a fin de cuentas ella misma "accedió", ¿no es cierto? ¿De qué podría acusar a ese hombre abusador si ella misma se dejó convencer? Prefiere continuar con su vida cotidiana como si nada hubiera pasado y "olvidar" el incidente.

Hay muchas manifestaciones de este tipo de conducta, por ejemplo, cuando la mujer no accede a tener relaciones sexuales y su pareja decide:

- Hacerla sentir culpable.
- Convencerla por medio de lástima.
- No dejarla dormir hasta que "acceda".
- Ponerse de mal humor.
- Enojarse si ella no quiere tener relaciones sexuales.
- Tener sexo después de una pelea, para "probar" que lo ha perdonado.
- Obligarla a prostituirse.
- Obligarla a tener sexo con otro hombre.
- Exigirle tener relaciones aun cuando esté enferma o cansada.
- Contagiarla a propósito de una enfermedad de transmisión sexual.
- Actuar como si estuviera decepcionado.
- Acusarla de frígida si ella no acepta alguna conducta o no reacciona como él quiere.

c) Abuso sexual indirecto o sutil.

Este tipo de abuso es todavía más velado que el anterior y, por lo tanto, también es aún más difícil de detectar. Aquí muestro algunos ejemplos:

- Acusar a la mujer de infiel.
- Celos excesivos.

- Usar con ella nombres degradantes.
- Controlar su apariencia para su propia satisfacción.
- Infidelidad.
- Forzarla a vestirse de una forma sexy.
- Forzarla a vestirse de una forma demasiado conservadora.
- Tomarle fotos o videos sexuales en contra de su voluntad.
- Obligarla a ver pornografía.

Todas estas formas de abuso sexual son muy traumáticas y las consecuencias psicológicas se comparan con las que resultan de abuso sexual por un extraño.

Abuso financiero

Se le conoce como abuso financiero al control que ejercen las parejas sobre el dinero y las finanzas del hogar, evitando la independencia financiera y la libertad de la mujer para disponer del dinero de ambos. Existen diversas formas de ejercer este tipo de violencia, entre otras:

- Dar a la pareja una mensualidad y pedirle cuentas detalladas de los gastos.
- Exigirle que le dé el control del dinero que ella gana y prohibirle el acceso a la cuenta bancaria.
- Tener todas las cuentas bancarias a su nombre.
- Robar dinero de la mujer o de su familia.
- Negarle dinero para cubrir las necesidades del hogar.
- Obligarla a firmar documentos en contra de su voluntad, dándole beneficios a él, tales como retorno de impuestos, herencias u otros instrumentos financieros.

- Utilizar el crédito de ella descuidadamente, sin importarle si éste es afectado.
- Exigirle que le "pida permiso" antes de hacer cualquier gasto.
- Prohibirle trabajar fuera de casa.
- Disponer de dinero destinado para cualquier fondo de ahorro que entre los dos hayan acordado. ❣

Tensión-explosión-justificación-luna de miel

El ciclo del abuso

Abuso verbal, físico o sexual.

El abusador acumula tensiones.

Justificación, excusas y disculpas.

Luna de miel: compensaciones.

En una relación donde el abuso en cualquiera de sus manifestaciones está presente, se puede observar claramente un ciclo definido, aunque, como en mi caso, es muy difícil darse cuenta de él, debido a que una se acostumbra a ese comportamiento. Pero una vez que se pone atención, claramente se podrá observar cómo se empiezan a acumular tensiones, etapa que puede ser muy corta, a veces de pocas horas, o hasta de varios días. Las tensiones son las que normalmente tendría cualquier pareja en la convivencia diaria: desde problemas en el trabajo, fricciones por los quehaceres domésticos o la educación de los hijos, si los hubiere. Se acumulan entonces estas tensiones hasta que surge un detonador, cualquier pretexto es bueno: el auto que se descompuso, un retraso de 10 minutos o que no esté lavada la camisa favorita. Nace así la pelea mayor o, bien dicho, la "explosión". Y ya se sabe en qué consiste: gritos, insultos, amenazas y, posiblemente, agresión física. Cuando la tensión ha encontrado una vía de escape gracias a la explosión, la mujer se dará cuenta de que él se calma, literalmente "se desinfla" y tiene conciencia de lo que ha hecho. Se justifica, ofrece disculpas a la mujer y se preocupa por borrar la mala imagen y el mal momento que acaba de escenificar.

Es la etapa conocida como "luna de miel". Él se ha convertido en otro hombre: puede salir a comprarle algo, le propone a su pareja ir a cenar fuera y, durante varios días, es la persona más amable y más maravillosa que una pudiera imaginar. El abuso ha quedado atrás, pareciera que ambos lo han olvidado y viven una "verdadera" luna de miel. "Por eso me casé con él", puede llegar a decir la mujer. Y esto es muy peligroso. He ahí el motivo por el que ella tiene que estar más alerta. Su conducta dulce y amable no durará más que una breve temporada, en ocasiones tan sólo unos días.

Continúa la rutina y de nuevo se acumulan tensiones, que otra vez él no sabe cómo manejar. Y surge una nueva explosión: el círculo vicioso del abuso se reinicia y, así, puede continuar hasta el infinito. De esta manera, el ciclo del abuso se repite por meses, incluso por años. Hasta que la mujer sea capaz de ponerle un alto.

Aunque este ciclo se puede repetir casi idéntico durante mucho tiempo, algunos expertos en este tema, como la psicóloga Lorena Lazcano, afirman que, con el paso del tiempo, la etapa de "luna de miel" va disminuyendo poco a poco hasta desaparecer, y deja a la relación abusiva sólo con tensión y explosión.

Señales que indican una relación abusiva o controladora

Para las mujeres que piensan que el problema no es tan grave porque no acaban con moretones, raspones o golpes serios, he enumerado aquí algunas señales que indican que su pareja sí es un hombre controlador.

La siguiente lista de comportamientos que puede presentar un abusador dará una idea más clara del tipo de personalidad que se observa en estos casos.

1. El hombre celoso: aunque los celos son una respuesta emocional natural ante la amenaza de perder algo importante para una persona, los celos patológicos son aquellos que son llevados al extremo y la persona que los padece vive en un estado de alerta y con sospechas de engaño sin fundamento alguno. El abusador tendrá como excusa: "Te amo tanto que por eso me pongo así de celoso y posesivo, por amor". Con esa excusa, la de su amor, puede llegar a seguir a la pareja, a cuestionarla y a vigilarla en todo momento. Se viven a veces situaciones tan extremas que ella puede verse impedida para trabajar o incluso para estudiar. Entre otras razones, porque él tiene miedo a que ella conozca a alguien más y lo "cambie" por otro.

2. El controlador: en ciertas culturas, como la latinoamericana, es muy común que el hombre tenga la última palabra en todo lo que se hace dentro del hogar, pero es necesario tener en cuenta que una relación sana debe basarse en el respeto a la independencia individual mutua. El hombre controlador inicialmente dirá que él va a cuidar a su mujer, que no quiere que nada malo le pase y que por eso "necesita" saber todo

lo que hace. Pero en el fondo lo que quiere saber es, según dice: "Con quién estás, en dónde estás, cuánto tiempo vas a tardar...", por eso debes pedir permiso antes de salir, para que yo sepa" y, muchas veces, incluso debe pedirle hasta dinero, pues él controla también las finanzas. En caso de que no se cumpla lo acordado, le advierte: "Si llegas más tarde, si tuviste un imprevisto, si cambiaste de plan a último momento sin haberme avisado antes, deberás comunicármelo". De lo contrario, la reacción de la pareja controladora será desmedida: "Eres una mentirosa y por eso ahora debes atenerte a las consecuencias. Te tendré más vigilada, pues es tu culpa que ahora desconfíe más de ti".

3. El que busca un compromiso rápido: un hombre con tendencias abusivas querrá conquistar de inmediato a la mujer. Será el hombre perfecto en un principio y hará que, de una u otra forma, ella se sienta comprometida de seguir con él. Si la mujer intenta salirse de la relación, hará todo lo posible por convencerla de quedarse y llevará la relación al siguiente nivel de compromiso. Por ejemplo, si son novios, le propondrá matrimonio o empezará a hablar de planes de boda; si no tienen hijos, empezará a planear una familia, y así la mantendrá a su lado por compromiso. Si ella insiste en salirse de la relación, la acusará de insensible y seguramente le dirá que es la única persona en el mundo a quien él ha amado.

4. El que emplea el abuso verbal: esto incluye que la mujer sea llamada con apodos, que sea tratada con gritos, amenazas, críticas, sarcasmo y acusaciones. Este tipo de abuso es sumamente dañino, ya que es una agresión que lastima directamente la autoestima; además, es muy intimidante

discutir con una persona que utiliza su propia voz para herir. En otras ocasiones, este tipo de abuso es tan sutil que puede estar disfrazado de "bromas": "Pero ¿por qué te enojas, si yo no te quiero insultar en serio? Sabes bien que estoy bromeando. Si te digo 'mi rollito de manteca', es de cariño".

5. El que tiene expectativas irreales: los hombres con tendencias abusivas tratarán de exigir que su pareja pase todo el tiempo libre a su lado, o haciendo cosas dedicadas sólo a ellos. Esperan que sea y se comporte como "la mujercita" que ellos sueñan y no ven a la mujer como la persona que realmente es. Siempre se muestran insatisfechos y son sumamente difíciles de complacer. Esperan que ella acceda a todas sus fantasías sexuales y siempre exigen algo más de ella: que sea la novia, la esposa, la madre, la socia, la secretaria, la cocinera, la amante, la amiga, o lo que ellos necesiten, esperando que sea la propia mujer quien cubra todas y cada una de sus necesidades

6. El que quiere aislar a su pareja: la persona abusiva intenta aislar a la víctima de todos los recursos posibles. Siempre con una buena excusa para convencerla de que "es lo mejor para ti y para nuestra relación", el hombre puede afirmar: "Si sólo quiero asegurarme que las amigas que tienes son 'buena' influencia. Tener amigos del sexo opuesto es algo que no comprendo. No es cierto eso de que existe la amistad entre hombre y mujer". Y las peleas son tales que ella prefiere alejarse de esas amistades que provocan tanto enojo en su pareja. Para esos hombres, la familia es mejor de "lejecitos" y acusa a los amigos o familiares de ocasionarles "problemas" si apoyan a la víctima. No permiten que su pareja se supere por miedo a que ella gane poder. Es mejor que ella dependa

al 100 por ciento de él para así poder seguir controlando y manipulando la relación.

7. **El hipersensible:** la frase: "Si no estás de mi lado, estás en mi contra" queda como anillo al dedo a estos hombres. Son sumamente sensibles a las personas que se atreven a debatir su punto de vista y defienden sus creencias a capa y espada. Se sienten sumamente ofendidos e insultados si alguien les lleva la contraria. Si hay imprevistos en su día, por ejemplo, tráfico, multas o problemas en el trabajo, su actitud cambia dramáticamente y se convierten en personas sumamente desagradables. Se "desquitan" con ella.

8. **El hombre que utiliza presión para tener sexo:** los hombres abusadores tienen una gran tendencia a ser egoístas y en la cama no son la excepción. Si les dicen que "no" al sexo, tratarán de persuadir a su pareja, y no necesariamente de una forma romántica. Al contrario, pretenden estar ofendidos, se ponen de mal humor y llegan a amenazar a la mujer: "Si tú no me das lo que pido, me voy a buscar a alguien que sí me lo dé. Y ya lo sabes, si eso pasa, será tu culpa". Y, así, culpan de su propia infidelidad a la mujer por no querer tener sexo tantas veces como él lo necesita. También querrán actuar alguna fantasía durante el sexo con o sin consentimiento de la pareja. Llegan a exigir sexo aun cuando ella esté enferma.

9. **El de reacciones impredecibles:** es muy común que el abusador cambie de estado de ánimo de manera impredecible. Lo que ayer le hacía gracia, hoy puede causarle un gran estrés y tendrá entonces una reacción exagerada, ocasionando confusión a la mujer, ya que nunca sabrá qué es lo que lo hará enojar. Comúnmente la mujer se culpa a

sí misma por esas reacciones y trata de que las cosas que le molestan al abusador no vuelvan a suceder, pero ésa es una tarea prácticamente imposible. Siempre habrá algo que lo haga enojar. Es muy común observar este tipo de comportamiento cuando hay drogas o alcohol involucrados. En ocasiones, estas reacciones impredecibles pueden ser manifestaciones de algún tipo de trastorno psicológico más serio. Razón de más para buscar ayuda profesional.

10. **El hombre que utiliza la fuerza física o que rompe objetos:** cuando el abusador está pasando por un momento de ira puede emplear este método para intimidar a la víctima y obligarla a la sumisión, ya sea rompiendo platos, adornos, azotando las puertas, golpeando la pared, dando frenazos violentos, golpes al volante o cualquier otra manifestación de la furia interna que siente. Puede utilizar también la fuerza física como apretones de piernas y brazos, o empujones. Sin embargo, se contiene antes de llegar a los golpes y utiliza esto como defensa si se le confronta: asegurará que la víctima exagera y que "jamás" le pondría una mano encima a una mujer. En caso de ir manejando, cuando se presenta alguna discusión, el abusador conduce de una forma agresiva y pone en riesgo la vida de la víctima y de las personas a su alrededor. Este tipo de conducta es una muestra de su frustración.

Frases que con frecuencia usan los abusadores

Muchas mujeres se sorprenderán al leer abusos que ellas no los consideraban como tales, porque no involucraban golpes, pero son acciones que ponen en peligro su bienestar físico. A menudo, la pareja violenta quiere minimizar sus acciones:

- "No fue mi intención ofenderte."
- "Estaba jugando."
- "Por tu culpa reaccioné así."
- "Te prometo que no volverá a suceder."
- "Estás exagerando, así no pasaron las cosas."
- "Inventas cosas. Te imaginas todo."

Algunas causas de la violencia

Las causas por las que un hombre presenta una conducta violenta en su relación de pareja pueden ser muchas, entre ellas, el alcohol, las drogas y el machismo presente en algunas culturas, con una serie de prejuicios sociales arraigados profundamente: "los hombres no lloran", "¿quién lleva los pantalones en esta casa?", "a mí se me obedece porque soy tu padre", "es un mandilón", "eso es de viejas" y otros muchos que se heredan de padres a hijos.

Además de ciertos factores físicos graves como alteraciones en algunos lóbulos cerebrales o factores psicológicos como ciertas psicosis, las causas de la violencia, además de las mencionadas en líneas anteriores, tienen su raíz en la infancia.

- Maltrato en la infancia por uno o por ambos padres.
- Falta de lazos afectivos.
- Falta de control de impulsos.
- Inestabilidad emocional.
- Inseguridad.
- Baja autoestima.
- Incapacidad para manejar las frustraciones.

O bien, por el contrario, el niño puede crecer en un mundo donde él tiene:

- Demasiada permisividad.
- Consentimiento excesivo.
- La creencia de ser el centro del universo.
- Incapacidad para manejar las frustraciones.

Las causas pueden ser muchas, pero este libro no trata de la violencia en sí, sino de la forma en cómo se da la violencia intra-familiar. Y la mujer que la ha sufrido debe romper la cadena, que a veces se transmite de padres a hijos. Por lo tanto, ella debe proponerse criar una familia:

- Donde impere el respeto.
- Se eviten comentarios machistas.
- No haya roles femeninos o masculinos exclusivamente.
- Donde haya comunicación, donde se hablen los problemas y se busque solución.
- Los conflictos se resuelvan sin violencia.
- Se aprenda a manejar la frustración.
- Se practique algún deporte como ayuda para sacar tensiones. ❣

Acecho, acoso y abuso

En una relación de pareja los límites se pierden. A veces la agresión a la pareja se queda en acecho; que puede evolucionar o no en acoso y en abuso. No hay patrones establecidos: algunos hombres son abusivos desde un principio sin haber sido ace-chadores o acosadores; pero muchas veces se combinan estos tipos de violencia.

Para los propósitos de este libro, que entre otros es ayudar a entender a quien ha experimentado este tipo de vivencias tan dolorosas, es conveniente primero aclarar los términos según las definiciones de la Real Academia de la Lengua Española, que dicen:

- **Acecho**, que proviene de *assectari* (seguir o perseguir), significa: observar, aguardar cautelosamente con algún propósito.
- **Acoso**, que proviene de *cosso* (carrera), tiene estas acepciones: perseguir, sin darle tregua ni reposo, a un animal o a una persona. Apremiar de forma insistente a alguien con molestias o requerimientos.
- **Abuso**, en cambio, es hacer uso excesivo, injusto o indebido de algo o de alguien. Hacer objeto de trato deshonesto a una persona de menor experiencia, fuerza o poder.

Acecho

Como se mencionó antes, acecho se entiende como el acto de seguir, vigilar, monitorear a alguien directa o indirectamente, con la finalidad de intimidar, atemorizar y controlar. En inglés se conoce como *stalking* el acto de acechar y como *stalker* al acechador.

Un acechador o *stalker* puede ser alguien conocido o algún desconocido; sin embargo, en este libro estamos sólo refiriéndonos específicamente al primero, puesto que es la pareja o ex pareja legal o sentimental. En la mayoría de los casos de acecho, se da en hombres vigilando a las mujeres, pero obviamente también puede ocurrir a la inversa.

Acecho y acoso son muy parecidos. En estos casos la pareja (abusador) sigue y vigila a su víctima con la intención de saber cada paso que da, revisando todos sus datos personales, llegando a intimidar a la víctima, causando un estrés adicional, agregado por miedo y por la misma sensación de persecución.

Por otro lado, el acecho *puede ser parte* de una relación en la que existe abuso, ya sea físico, emocional, financiero y sexual. Al combinarse acecho y abuso, crean en la víctima una sensación de prisión, en la cual no encuentra escapatoria ni tranquilidad a ninguna hora. En cualquier momento el acecho puede pasar a un nivel más obsesivo poniendo la vida de la víctima en peligro.

Las definiciones varían; sin embargo, la esencia es la misma. Lo que importa es que la mujer que ha experimentado alguna o tal vez todas estas manifestaciones de violencia, conozca lo que le ha sucedido dentro de su relación de pareja. Y este conocimiento siempre le podrá ayudar a tener mejores armas para tratar de salir de una situación abusiva.

Algunas señales de acecho

Los expertos afirman que todos tenemos el potencial de ser abusadores o víctimas y que nadie decide conscientemente que quiere ser abusador o que quiere ser víctima. Pero en la mayoría de los casos, muchas parejas no tienen otra forma de relacionarse pues no conocen un patrón saludable de conducta en pareja. Por este motivo, es importante dar un buen ejemplo a los hijos, ya que el día de mañana, cuando ellos formen su propia familia, consciente o inconscientemente seguirán los patrones de conducta aprendidos en casa.

- El acechador sigue a su pareja y la "sorprende" donde quiera que vaya.
- Le envía mensajes de texto, cartas o correos electrónicos con amenazas, o bien, mensajes de amor aun cuando la relación haya terminado.
- Daña su auto, su casa o sus pertenencias.

- Monitorea sus llamadas telefónicas, ya sea revisando su teléfono o por medio del recibo de teléfono.
- Revisa constantemente la computadora para saber qué páginas web ha visitado o con quién se ha comunicado.
- Utiliza tecnología para monitorear a su pareja, tomarle fotos, instalar cámaras escondidas, usar grabadoras de voz o GPS.
- Pasa constantemente por su trabajo, su escuela o sitios que frecuenta.
- Contrata investigadores privados.
- Busca a sus amigos y familiares para saber de ella.

Cifras sobre acecho y homicidio de parejas sentimentales

Es necesario, en ocasiones, tomar en cuenta las cifras. Según el Stalking Resource Center, se reporta que el:

- En 76% de los asesinatos en parejas sentimentales las víctimas han sido acechadas por su pareja sentimental.
- 67% han sido abusadas físicamente por sus parejas sentimentales.
- 89% de las víctimas que han sido golpeadas o asesinadas. también fueron acechadas en los 12 meses previos.
- 79% de las víctimas de abuso también reportaron haber sido vigiladas durante el mismo tiempo en el que el abuso se llevó a cabo.
- 54% de las víctimas de homicidio reportaron a la policía que habían sido acechadas antes de que fueran asesinadas por el acechador.

El uso de tecnología en el acecho y el acoso

En estos tiempos de avanzada tecnología y en el que los teléfonos son prácticamente computadoras sofisticadas, es muy fácil que una mujer pueda ser acechada y vigilada.

Desafortunadamente existen aplicaciones que facilitan la vigilancia y el acecho y, en la actualidad, cada vez con mayor frecuencia, se están llevando a los juzgados casos en los cuales la tecnología juega un papel importante.

Algunas formas de tecnología utilizada para acechar son:

- **Correo electrónico:** por medio de mensajes electrónicos de amor o de amenaza a la víctima.

- **GPS o Sistema de Posicionador Global,** con el cual el acechador localiza a la víctima, por medio del teléfono o por un aparato similar que se puede esconder fácilmente bajo el auto.

- **Cámaras de video:** se hacen grabaciones en video con cámaras escondidas, que se ocultan por lo general dentro de la casa, para registro generalmente de la vida cotidiana. También se puede tomar video de la mujer en lugares públicos.

- **Grabadoras de voz:** existen en el mercado grabadoras de voz que se activan sólo cuando hay sonido. Algunas tienen capacidad de grabar varios días continuos y pueden ser escondidas con facilidad por el acechador dentro de la casa, en el trabajo, en el auto, etc.

- **Identificador de llamadas o *Caller ID*:** con este y otro tipo de tecnología similar es posible rastrear la dirección de la víctima por medio de los registros telefónicos, de entrada o salida de llamadas.

- **Programas espías en la computadora:** existen muchas aplicaciones que se pueden utilizar para espiar. Las dos funciones más comunes son: *keystroke logging*, o registro de pulsaciones, y *spy ware software* o *software* espía.

- El keystroke logging, o registro de pulsaciones, es un programa que se instala en la computadora para guardar todo lo que se escribe en el tablero. De tal modo que el acechador tiene acceso a toda comunicación que se tenga por medio de esa computadora.

- El *spy ware software*, también llamado *software* espía, fue originalmente diseñado para monitorear a los niños y el uso que hacen de internet; también es utilizado en oficinas para vigilar de igual forma a los empleados cuando usan internet. Desafortunadamente, los acechadores lo utilizan para vigilar a sus víctimas y monitorear toda actividad cibernética.

El acecho y la ley

- Por desgracia, algunas personas siguen creyendo que el acecho no tiene tanta importancia como algunas mujeres quieren darle. Son pocas quienes tienen conciencia de la gravedad del acecho. En algunos países, como Estados Unidos, el acecho es en contra de la ley.

- El acecho, entonces, es un delito en varios países, donde existen diversas leyes que protegen a las víctimas. La penalización depende de varios factores; por ejemplo, si es la primera vez o si el acecho es repetido. Se toma en cuenta también si es un crimen agravado por la presencia de armas o violación de orden de restricción, entre otros aspectos.

¿Cómo le está afectando a una mujer el ser acechada?

- ¿Siente miedo de lo que su pareja sea capaz de hacer?
- ¿Se siente insegura y ansiosa la mayoría del tiempo?
- ¿Está en constante estado de alerta, mostrándose irritable, impaciente o angustiada?
- ¿Está triste o sufre de depresión?
- ¿Siente que nadie la puede ayudar?
- ¿Tiene la sensación de que alguien la vigila en todo momento?
- ¿Es incapaz de concentrarse en tu trabajo?
- ¿Ha perdido el apetito o come mucho por ansiedad?
- ¿Su sueño es ligero y sobresaltado o, bien, tiene insomnio o pesadillas?
- ¿Se siente confundida porque nadie entiende sus temores?

Si se contestó que sí a alguna de estas preguntas y la mujer "sospecha" que está siendo acechada, debe hacer algo al respecto. Vivir atemorizada, asustada y con incertidumbre le puede causar problemas físicos y mentales que afectan su salud y su bienestar. ❧

Medidas de seguridad

Los expertos recomiendan estudiar las siguientes medidas de seguridad y utilizarlas cuando sea necesario.

- No importa lo que el acechador haya prometido o lo que ofrezca: no tenga ningún tipo de comunicación con él.
- Cambie todas las cerraduras de su casa. Si vive en un sitio donde haya algún tipo de vigilancia, avise que no lo dejen pasar.
- Cambie de números de teléfono, del celular y del teléfono fijo.

- No tenga la misma ruta todos los días, cámbiela en la medida de lo posible y escoja constantemente rutas diferentes para ir al trabajo, a la escuela de los niños o a sitios que acostumbraban frecuentar.

- Debe saber qué hacer en caso de que él se acerque y debe prever cómo podría a reaccionar si el acechador se presenta en su casa o en su trabajo.

- Tome un curso de defensa personal.

- Si cree que el acechador la está siguiendo en el auto, diríjase a la estación de policía más cercana o estaciónese cerca de donde esté algún agente de policía o de tránsito y avísele que está en peligro.

- Dígale a amigos y familiares lo que está sucediendo y manténgalos al tanto de la situación. Necesitan estar advertidos para que, de ser necesario, puedan defenderla.

- Tome fotografías de las consecuencias de la violencia: un vidrio roto, el auto abollado o pintarrajeado, destrozos en la casa o jardín, o alguna lesión física que él le haya causado.

- Piense en una señal de emergencia para avisar en caso que el acechador esté en su casa. Por ejemplo, pedirle a algún vecino que si una determinada luz está prendida o si ve que la prende y la apaga varias veces, si está una cortina levantada, o alguna otra señal que acuerden, eso indica que existe peligro y que le marque a la policía para dar aviso de la situación.

- No vaya sola a lugares públicos. Es fácil que, entre la gente, él se acerque sin que sea notado hasta que esté demasiado cerca.

- Pida ayuda en caso de emergencia. No se avergüence de gritar, tocar exageradamente el claxon o tocar a golpes la puerta de un vecino. Avise, de la manera que pueda, que está en peligro, igual que sus hijos, y que necesitan ayuda.

- Hay que recordar: si la integridad física de la mujer y la de sus hijos está seriamente amenazada se deben tomar todas las precauciones posibles.

Registro de pruebas

Este registro ayudará para presentar pruebas, en caso de que la mujer necesite una orden de restricción, pelear por la custodia de sus hijos, levantar cargos contra el acechador y, sobre todo, para que pueda mantenerse segura.

- Deberá escribir en este registro todos y cada uno de los incidentes que sucedan relacionados con el acosador en los cuales se sienta vigilada, acechada, amenazada, como correos electrónicos, cartas, mensajes de texto, llamadas telefónicas, visitas "inesperadas", actos de vandalismo a su propiedad o cualquier otro incidente que considere amenazador. Eso le ayudará a no "olvidar" datos importantes para poder presentar su caso ante las autoridades competentes. Cuando deba llamar a la policía, es necesario no olvidar anotar el nombre del oficial y conservar el reporte escrito por él.
- Es muy recomendable llevar el registro de pruebas de cada incidente y, si es posible y la seriedad del incidente lo amerita, llamar a la policía cada vez que sea necesario para que todo acto de acecho o agresión quede debidamente documentado.
- Es necesario también mantener este registro en algún lugar seguro, al cual el acechador no tenga acceso.

Fecha	Hora	Lugar	Descripción de los hechos	Datos de los testigos (nombre, dirección, teléfono)	Nombre del oficial de policía (número de reporte)

Plan de seguridad

El abuso verbal y emocional pueden escalar en intensidad en cualquier momento y llegar a convertirse en abuso físico. Es muy importante mantener un plan para casos de emergencia y, con mayor razón, si en la relación existen antecedentes de abuso físico.

Las estadísticas indican que las muertes ocasionadas por la pareja abusadora suceden, en el 75% de los casos, cuando la víctima decide terminar la relación. Puede decirse entonces que la búsqueda de la libertad es la etapa más peligrosa de una relación de abuso.

Nunca debe subestimarse el abuso y menos aún en esta etapa: cuando ella decide escapar. Por eso, la salida de la mujer y de sus hijos debe ser planeada con todas las medidas de seguridad posibles.

Aquí se sugieren algunas:

- Identificar las expresiones, las palabras y la conducta del abusador cuando esté a punto de "explotar".

- Revisar el domicilio y decidir cuáles son las habitaciones más seguras, tomando en cuenta que exista una salida hacia la calle y que no haya objetos con los que el abusador pueda lastimar a la mujer o a sus hijos.
- Cuando el abusador tenga un episodio violento, NUNCA ir a la habitación de los niños, puesto que, así, ellos podrían estar en mayor peligro de ser también atacados.
- Si los niños tienen edad suficiente para comprender el problema, es necesario platicar con ellos y utilizar una palabra "clave" que todos sepan lo que significa: cuando escuchen de su madre esa palabra, manifiesta que hay peligro.
- Es muy importante también enseñarles cómo proceder en esos momentos e indicarles que, por su propio bienestar, jamás deben intervenir durante una pelea. En caso de ser necesario, deberán salir de la casa y sabrán de antemano a dónde deben ir para buscar protección.

Check list

Este *check list*, que complementa el punto anterior sobre las medidas de seguridad, deberá ser llenado por la víctima a medida que vaya cubriendo satisfactoriamente cada uno de los puntos indicados.

☐ Planear mentalmente qué se le va a decir al abusador si descubre el plan de seguridad.

☐ Platicar con algún amigo o vecino lo que sucede en casa. Se necesita tener una "señal de ayuda", ya sea visual, como una ventana abierta, alguna luz encendida, algún objeto en la ventana o, si es verbal, hay que establecer una palabra clave.

☐ Si existen armas en casa, es de vital importancia mantenerlas fuera de la vista del abusador.

☐ Tener siempre un teléfono consigo para marcar a la policía en caso de emergencia. Es necesario tener grabados en él, de antemano, los números importantes.

☐ Dejar siempre las llaves del auto en un lugar fijo.

☐ Mantener el auto siempre preparado para partir, con gasolina.

☐ Si no se posee auto propio, tener a mano el teléfono de alguien que tenga auto y que pueda ayudar en un momento de emergencia o, en su defecto, tener a mano los teléfonos de algún sitio de taxis.

☐ Tener preparada una bolsa con todas las cosas necesarias e importantes para una salida de emergencia; si no es posible conseguir documentos originales, una copia puede servir. En esa bolsa es conveniente tener:

    ☐ Dinero en efectivo
    ☐ Tarjeta de crédito
    ☐ Licencia de manejar
    ☐ Copia de las llaves de la casa
    ☐ Copia de las llaves del auto
    ☐ Documentos de la corte
    ☐ Pasaportes
    ☐ Tarjetas del seguro (de la mujer y de sus hijos)
    ☐ Tarjeta del seguro social (de la mujer y de sus hijos)
    ☐ Teléfono de prepago (para que no él rastree las llamadas de la mujer)
    ☐ Actas y certificados de nacimiento
    ☐ Log o registro de pruebas

- ☐ Ropa
- ☐ Medicamentos
- ☐ Agua y bocadillos o *snacks* para los niños
- ☐ Pañales y fórmula si hay un bebé
- ☐ Desactivar el GPS del teléfono
- ☐ Lista de teléfonos importantes:

Policía _____

Médicos _____

Pediatra _____

Familia _____

Trabajo _____

Escuela _____

Amigos _____

Vecinos _____

Es importante tener en mente un lugar en donde se va a guardar la bolsa, de preferencia fuera de la casa, para evitar que el abusador la encuentre. Se puede dejar, por ejemplo, en casa de un familiar, vecino o en la cajuela del auto. El celular y las llaves siempre deben llevarse consigo o dejarlas en lugar fijo y de fácil acceso. También, siempre se debe tener en mente una buena excusa de qué decir en caso de que él encontrara la bolsa.

Al estar ya divorciada

El estar ya divorciada del abusador no significa que se debe bajar la guardia. La mujer sigue siendo aún susceptible a un arranque de furia; por lo tanto, es necesario mantener este plan siempre vigente y evitar enfrentarse a la ex pareja, especialmente cuando tengan que intercambiar a los hijos para los días de visita, si es el caso.

Una vez que la mujer se haya divorciado del abusador:

- Nunca deberá dejarlo entrar a su casa.
- De preferencia, hacer el cambio para las visitas de los niños en lugares públicos.
- Evitar encontrarse frente a frente con él, es conveniente hacerse acompañar de un familiar.
- Enseñarle a los hijos qué hacer en caso de emergencia.

Sin duda, habrá personas que crean que éste es un plan exagerado, pero hay que recordar que ningún esfuerzo es suficiente para mantener a salvo a la mujer y a sus hijos. ❣

Creencias y realidades

Existen muchas creencias equivocadas acerca de la violencia doméstica. Algunas han pasado de generación en generación y la razón por la que han prevalecido durante mucho tiempo es, ante todo, la desinformación y el "secreto" en que lo ha mantenido una significativa mayoría de las mujeres que ha vivido este problema. Simplemente, en muchos casos, no se habla de él. Ese "silencio" que guardan algunas mujeres es lo que permite a los hombres seguir ejerciendo el poder ilimitado y la violencia en su pareja.

Una de las mejores armas para combatir la violencia doméstica es destapar el problema. Por lo tanto, es necesario comenzar con la educación en el tema y la concientización de la sociedad sobre los devastadores resultados que ocasiona.

Existen varias creencias:

Creencia: Si él no golpea a su pareja, entonces no puede ser considerado un caso de violencia doméstica.

Realidad: Se puede decir que ésta es una de las creencias más difundidas. Se piensa que si una mujer no es golpeada y presenta moretones, raspones, cortadas o cualquier otro tipo de lesión física, significa que no está siendo abusada. La violencia doméstica, como he indicado en varias partes de este libro, comprende acecho, acoso y abuso, que puede ser: emocional, físico, sexual o económico o, bien, la combinación de todos, que es lo más frecuente. Cualquier tipo de control es considerado violencia intrafamiliar y la gravedad de los efectos de la violencia en sus víctimas no se mide por el tipo o el tamaño de las marcas dejadas en la piel.

Creencia: La violencia doméstica no es muy común.

Realidad: Las diversas manifestaciones que comprenden la violencia doméstica son mucho más comunes de lo que se piensa. A veces, las cifras estadísticas no son muy confiables, puesto que muchas mujeres no denuncian este delito. Piensan los expertos que aproximadamente una de cada cuatro mujeres ha sido víctima de este problema por lo menos una vez en su vida. Y se cree que cada 9 segundos alguna mujer sufre maltrato ocasionado por una persona "amada" (http://domesticviolencestatistics.org/domestic-violence-statistics/).

Creencia: La gran solución para las parejas que han sufrido algún tipo de violencia doméstica es la terapia de pareja.

Realidad: En términos generales, la terapia en pareja no es recomendada en estos casos, ya que a veces resulta contraproducente. Como estas parejas tienen problemas de control, está comprobado que el riesgo de un episodio violento después de terapia en pareja es muy alto. Se sugiere en primer término la terapia individual y, si la víctima tiene una evolución satisfactoria a juicio del psicólogo o terapeuta que lleve su caso, él mismo determinará cuándo es conveniente pasar a terapia de pareja.

Creencia: Todas las parejas tienen problemas y con frecuencia pelean. En consecuencia, es completamente normal que, de vez en cuando, las cosas se salgan de control. Todas las parejas pueden llegar a tener uno que otro episodio de violencia.

Realidad: Es muy cierto que todas las parejas tienen problemas y desacuerdos. Sin embargo, en una relación "sana" existe la comunicación y, así, los problemas pueden ser discutidos con respeto. No obstante, la violencia intrafamiliar se caracteriza por que un miembro de la pareja ejerce control sobre el otro y el control se llega a dar cada vez con más frecuencia a lo largo de la relación. En algunos casos hay reconciliaciones, como la llamada "luna de miel", dentro del ciclo del abuso que ya mencioné, para regresar de nuevo al control. Se ha visto que, por lo general, al paso del tiempo, esos episodios son más frecuentes y también pueden ser más violentos. La violencia doméstica provoca una baja autoestima en la víctima y, en casos extremos, la violencia física puede ocasionar que las víctimas terminen hospitalizadas o pueden llegar hasta la muerte. En Estados Unidos cada día mueren 3 mujeres por esta razón (http://domesticviolencestatistics.

org/domestic-violence-statistics/). Hay que recordar que nunca la violencia intrafamiliar es "normal".

Creencia: Los niños necesitan tener una familia: es necesario que vivan con su papá y su mamá para poder crecer emocionalmente sanos.

Realidad: Ciertamente, los niños necesitan vivir en un hogar donde haya armonía, en el que se sientan seguros y, sobre todo, queridos. Los niños que viven en un hogar en donde la violencia doméstica está presente son afectados gravemente, en el aspecto físico y emocional. Esto repercute en su educación y en su comportamiento hacia los demás. Es mayor la probabilidad de que los niños que han sido testigos de este tipo de violencia se conviertan a su vez en abusadores o en víctimas, que los niños que viven en familias donde predomina el respeto y la armonía. Por esta razón, si la mujer no lo hace por ella misma, debe hacerlo por sus hijos: es necesario que ponga un alto, de una vez por todas, al ciclo de violencia, en cualquiera de sus manifestaciones.

Creencia: La violencia doméstica se da únicamente entre las familias de clase baja.

Realidad: Lo anterior es totalmente falso. La violencia intrafamiliar se da en todos los niveles sociales. Desafortunadamente las mujeres con un nivel socioeconómico mediano y alto son más susceptibles a mantener la violencia como un secreto, por temor a afectar las carreras de sus parejas y por el "qué dirán". Les importa mucho seguir conservando las apariencias. Sin embargo, el abuso, el control y el maltrato hacia la mujer no discriminan niveles económicos. Tanto la mujer situada en lugares altos de la escala social como la que está en niveles inferiores pueden ser víctimas de este tipo de violencia.

Creencia: Los hombres abusadores o que ejercen violencia contra sus mujeres son siempre personas malvadas y no son capaces de demostrarles amor.

Realidad: Por lo general, la personalidad de este tipo de hombres presenta un aspecto amoroso, amable y hasta carismático. Las mujeres que viven relaciones abusadoras saben que existe esta faceta de amabilidad y, con frecuencia, tienen la esperanza de que sea así siempre. En ocasiones, los hombres abusadores deciden mostrar este comportamiento para ganar control en su pareja y, con frecuencia, pasan inesperadamente de ser amorosos a violentos. Y, en la gran mayoría de los casos, la mujer sigue esperando que, a pesar de la frecuencia con la que se presenta, la violencia haya sido tan sólo un "episodio" y que puedan vivir nuevamente la etapa de amor y ternura como pareja.

Creencia: Con mi amor puedo hacer que él cambie.

Realidad: Esa creencia, y todas las falsas esperanzas que se dan en torno a ella, hace que la víctima permanezca en situaciones de las cuales hubiera debido salir hace mucho tiempo. Y esto sucede sobre todo porque puede ver al niño que hay detrás del abusador, que a veces es sensible y amable. Cree que, como en las películas, con amor todo se puede solucionar como si fuera una poción mágica, pero no es así. Llegará un momento en que la mujer admita que no tiene el poder de cambiar a otra persona y que la única forma en la que él podrá hacerlo es cuando se haga totalmente responsable de su conducta y cuando busque ayuda porque sí está dispuesto a cambiar. Es enfermizo y peligroso continuar con la mentira.

Creencia: El uso de alcohol y drogas son los verdaderos causantes de los episodios violentos.

Realidad: Esto tampoco es verdad. Si bien es cierto que, al estar bajo la influencia de alcohol y de drogas, cambia el temperamento de las personas, y que las estadísticas muestran que existe una conexión muy fuerte entre el alcohol y la violencia intrafamiliar, por ningún motivo, ni el alcohol ni las drogas son los causantes del acoso y del abuso y no son una excusa para cometerlos. Sin embargo, estas sustancias sí pueden causar episodios de violencia, ya que entorpecen el juicio y llevan a las personas que las consumen a mostrar una conducta violenta.

Creencia: Una vez abusador, siempre será abusador.

Realidad: Un hombre abusador puede cambiar. El abuso no es una alteración genética, salvo en algunos casos específicos, sino de comportamiento. Aunque el porcentaje de hombres que realmente aceptan su responsabilidad y hacen el compromiso de cambiar es muy pequeño, sí puede darse cierto cambio. Un hombre abusador puede dejar de serlo, siempre y cuando esté dispuesto a asumir total responsabilidad y a demostrar deseos de cambiar. Por lo general no se da un cambio de la noche a la mañana, pero pudiera ser posible.

Creencia: El control, los celos y enojos que se dan en el noviazgo disminuyen una vez que la pareja se casa.

Realidad: Muchas mujeres esperan que, al casarse, la pareja celosa y controladora se sentirá más segura y dejará de actuar de esa forma; pero la realidad es que, desafortunadamente, este tipo actitudes se acentúan más con el tiempo.

Creencia: Seguro ella "provocó" a su pareja: merece ser tratada así.

Realidad: Ninguna mujer "merece" ser abusada. La forma de solucionar diferencias NUNCA debe involucrar la intimidación y el abuso. Éstos no deben darse por ningún motivo. La reacción de un hombre abusador es impredecible y siempre injustificada.

Creencia: Las mujeres que permanecen en una relación abusiva es porque "les gusta" que las traten mal.

Realidad: Las mujeres que permanecen en este tipo de relaciones no han sabido cómo salirse de esa situación y no encuentran en ella ningún tipo de satisfacción. Hay que tomar en cuenta que ellas han vivido en un ambiente controlador y, en la mayoría de los casos, han sido aisladas de amigos, de su familia y, sobre todo, de recursos económicos. El miedo y falta de recursos son la causa principal por la cual una mujer "tiene" que quedarse.

Creencia: Es muy fácil saber cuándo un hombre es abusivo. El abuso se nota desde un principio.

Realidad: A pesar de que en un principio este tipo de hombre se portará encantador, comprensivo, amable y amoroso, lo hace porque trata de conquistar el corazón de su pareja, y probablemente lo conseguirá. Sin embargo, poco a poco irá ganando terreno al controlar la forma de ser y de hacer, hasta que es demasiado tarde y, cuando menos se espera, empezará el ciclo de la violencia.

Creencia: La violencia es un problema de pareja y nadie debe meterse.

Realidad: La violencia doméstica es un problema social que incumbe a todos. Es un crimen serio e incluye diferentes tipos de acecho, acoso y abuso y puede llegar hasta la muerte, ya sea por asesinato o suicidio. Toda la sociedad tiene la responsabilidad civil de hablar del tema y buscar la manera de detenerlo.

Encontrar una explicación a las creencias, que no son más que eso: creencias, sobre violencia doméstica, ayuda a enfocar la raíz del problema. Al aprender que no sólo el abuso físico es considerado violencia doméstica, que no importa el nivel socioeconómico y de educación, que la culpa JAMÁS es de la víctima, que el abusador busca control sobre su pareja sentimental, y que es un problema que incumbe a toda la sociedad, se está dando un paso hacia la solución del problema. Comprender este problema y difundir sus variantes ayuda a las mujeres a librarse de relaciones en las que se dan el acecho, el acoso y el abuso.

Como mujer, tener conciencia de este problema es el primer paso hacia una vida sana, ya sea estando sola o como elemento positivo para llevar una vida sana en pareja. ❦

Justificaciones

Existen muchas justificaciones y excusas para quedarse en la relación. Por lo menos dicen algunas mujeres que sólo se quedan "por el momento"; pero es muy diferente utilizar estas mismas justificaciones para cegarse a la realidad y vivir en la negación de lo que realmente está sucediendo.

Las razones por las que cada persona permanece en una relación abusiva varían mucho. A veces es imposible tomar en un minuto una decisión que sabemos que tendrá serias consecuencias. No es conveniente tomar decisiones "instantáneas". Pero es muy importante estar consciente de una situación de abuso y una no se debe conformar con vivir una vida infeliz. No se debe permitir que nadie trate con abuso a otra persona.

Éstas son las razones más comunes y justificaciones que utilizan las mujeres para no salir de una relación destructiva, de acecho, acoso o abuso:

- **Económicas.** La dependencia económica es una de las razones principales por las que una mujer se queda con su abusador: se puede decir que es la justificación que se da con mayor frecuencia. En la mayoría de los casos, las mujeres son privadas de libertad para estudiar o trabajar y sin medios económicos es sumamente difícil tomar la decisión de salir de dicha relación. Esta dependencia, además de ser una forma de control de las más comunes, con frecuencia provoca un miedo paralizante, especialmente cuando existen hijos de por medio.

- **Miedo.** Por varias razones, es bien sabido que las mujeres que tratan de salir de relaciones en donde existe abuso emocional, en ocasiones éste llega a convertirse en abuso físico,

Katty Fuentes

198

que puede tener consecuencias fatales. Al perder el control de la mujer, el abusador puede reaccionar de una manera inesperada, cada vez con más violencia, y por eso el miedo es real, debido a que el peligro también es real. De ahí la importancia de tener un plan de seguridad. En la página 185 se encuentra una guía de cómo actuar.

- **Costumbre.** Cuando el abuso ha estado presente en la relación durante mucho tiempo, llega un punto en que una se acostumbra a vivir con los altibajos que provoca este tipo de conducta. Como la mujer está acostumbrada al maltrato y se ha llegado a hacer resistente a los insultos, amenazas, golpes y ofensas, piensa que, después de todo, "no es tan grave" lo que sucede, y pasa por alto la verdadera peligrosidad de la situación.

- **Culpabilidad.** En cierto momento, cuando se vive una relación de abuso, la mujer puede llegar a creer que lo que le sucede es por su propia culpa. Piensa que, tal vez, si no hubiera hecho esto o aquello, su pareja no hubiera reaccionado con tal violencia o con tal conducta abusiva. Se culpa a sí misma y busca una solución tratando de hacer cambios, con la esperanza de que el abuso no vuelva a suceder. Cree que en su propio cambio está la solución.

- **Chantaje.** En esta técnica aparece también la culpabilidad, pero aquí es él quien conscientemente provoca culpa en la mujer para impedir que se aleje de la relación. El abusador puede amenazarla de muy diversas maneras, como con contar los "secretos" de su pareja, decir a los demás lo mucho que ella "lo hace sufrir" o amenazándola con quitarse la vida. Esta conducta es un verdadero chantaje que busca provocar en ella lástima y culpabilidad.

- **Vergüenza.** Muchas mujeres prefieren permanecer en una situación en donde existe abuso por vergüenza a tener que enfrentar a la sociedad. Existe un tabú muy grande alrededor de la violencia doméstica y ésta con frecuencia no se reporta, a menos que existan golpes y, a veces, ni en esos casos. Ellas se sienten avergonzadas de verse identificadas como "mujeres abusadas". Es necesario tomar en cuenta que entre más se oculte este tipo de situaciones, entre más se calle el problema, menos oportunidades tendrán las mujeres de salir de ella.

- **Baja autoestima.** Mi intención en este libro no es dar estadísticas; sin embargo, me atrevería a decir que casi el 99.9% de las mujeres que toleran una relación abusiva padecen de baja autoestima. El abusador utiliza el deterioro de la autoestima como un arma a su favor para ganar control. Tal vez la mujer ni siquiera se ha dado cuenta de que tiene baja autoestima, pero el no sentirse capaz de salir adelante por su propio pie es una clara señal de esto. Una mujer puede llegar a sentir que no es lo suficientemente "buena" para tener una relación mejor, puede llegar a creer que jamás encontrará a otra persona que la "aguante". Piensa que es "poca cosa" para merecer mejor trato. Y su pareja refuerza estas creencias de una manera consciente, con el simple objetivo de mantenerla a su lado.

- **Amor.** Por amor hacemos y soportamos cosas que jamás creímos que sería posible soportar; pero la mujer que vive en relaciones de abuso, en realidad ¿sabe lo que es amor?... El amor no duele, el amor no deja marcas negativas, el amor no hace que una se sienta sucia, el amor no consigue que se aleje una de sus sueños. El amor no es control.

- **Religión.** Hasta la fecha, en muchas religiones, entre ellas la religión católica, el divorcio no es aceptado: "Lo que Dios ha unido que no lo separe el hombre". Proclaman que el matrimonio es "hasta que la muerte los separe" y todo esto ha tenido influencia en ciertos sectores de la sociedad. Hay personas con prejuicios muy radicales que señalan a las parejas divorciadas, haciéndolas sentir que "viven en pecado". Muchas mujeres temen a este señalamiento, para ellas o para sus hijos, y prefieren soportar malos tratos a ser identificadas como divorciadas.

- **Presión cultural.** Igual que sucede con algunas religiones, ciertas culturas reprueban rotundamente la separación de las parejas. En pleno siglo xxi aún existen familias que no permiten que esto suceda y presionan a la mujer a continuar con un matrimonio, a sabiendas de que el marido es abusador. La obligan a quedarse para que no "manche" el apellido familiar y ellos no tengan que pasar por la "vergüenza" que una decisión así les vaya a causar.

- **Embarazo.** El embarazo es una etapa en la vida de cualquier mujer en la que se siente vulnerable. Los abusadores lo saben y aprovechan esto como ventaja. Claramente, el embarazo no es el mejor momento para salir de una relación abusadora, pero en ocasiones es la única opción. Aunque la mujer esté embarazada, si ella o su futuro bebé están en riesgo, debe salir de esa situación de inmediato. Es necesario que busque ayuda.

- **Hijos.** Muchas mujeres tienen la creencia de que los hijos estarán mejor si los padres permanecen juntos; idealmente así es, pero bajo un techo en donde exista amor y armonía. En el caso en donde hay violencia doméstica el hecho de continuar viviendo con la pareja "por los hijos" es un error muy grande. Hay que recordar que la mujer no es la única que sufre la violencia domestica: la sufren todos los miembros de la casa y no sólo ella directamente.

- **Estatus migratorio.** El no separarse de una pareja abusadora debido al estatus migratorio se da con mucha frecuencia en países como Estados Unidos. Puede deberse al miedo de la mujer de ser deportada, porque está en espera de los papeles legales o porque tiene visa de acompañante. Cualquiera que sea el caso, existen leyes que protegen a la mujer si es víctima de abuso y le permiten mantener un estatus legal en ese país, sin necesidad de seguir bajo el mismo techo que el abusador. La Ley VAWA las ampara.

- **Socios de negocios.** Algunas parejas, además de compartir un techo, participan en una sociedad en algún negocio. Por ello, al pensar en salirse de la relación sentimental es necesario contemplar la separación laboral. Esto hace la decisión aún más difícil, puesto que son muchos los trámites y los detalles que hay que considerar para lograr disolver una empresa. Pero, por engorroso que parezca, ningún beneficio laboral vale la pena frente una relación abusiva.

- **No tener a donde ir.** Cuando una mujer se siente desamparada y sin un lugar a donde llevar a sus hijos se paraliza: tener una red de soporte de familiares y amigos es de suma importancia. Existen además muchos refugios y centros de apoyo para las mujeres maltratadas, los cuales proveen de vivienda y comida para las mujeres y sus hijos.

- **Enfermedad.** La presencia de una enfermedad o discapacidad física siempre acobarda. Se piensa sobre todo en los cuidados especiales y los gastos que implica tener algo que imposibilita, o dificulta al menos, el poder trabajar. Todo esto hace más vulnerable a la mujer en una relación de abuso y cree que "tiene" que quedarse en una relación que la daña. En realidad es que, en esos momentos, es cuando ella necesita más paz y tranquilidad para recuperarse. Es necesario que use las pocas o muchas fuerzas que tenga para salirse de una relación dañina. No debe usar esas fuerzas ni desgastarse más tratando de evitar los abusos de su pareja. Cuando más pronto se aleje, mejor.

- **Él cree que tú te mereces el castigo.** Puede darse el caso en que el abusador haya hecho creer a la mujer que en realidad todo es culpa de ella, no la de él, cuando tiene una reacción violenta. Si tan sólo ELLA se comportara "mejor", esto no estaría pasando...

- **Ciclo del abuso.** Debido a la naturaleza de este ciclo y de las diferentes etapas que se viven en él, es en la etapa de "luna de miel" cuando la mujer recupera esperanzas de que la situación sí va a mejorar. Cree que fue un incidente "esporádico" y que no volverá a suceder. Estas falsas esperanzas hacen que la mujer permanezca en una relación dañina, a veces por años. Si todo el tiempo fuera abuso, sería relativamente fácil terminar esa relación, pero las falsas promesas de enmienda y las atenciones recibidas durante la "luna de miel" hacen que sea muy complicada la toma de decisiones drásticas. ❣

En busca de ayuda

Cuando una mujer está en medio del círculo vicioso del abuso no encuentra la salida y se pregunta con frecuencia: "¿quién me puede ayudar?", "¿qué es lo que puedo hacer?". Puede pensar que, en realidad, a nadie le importa su problema y pierde totalmente la esperanza. En ocasiones, vive con la creencia, o más bien con la esperanza, de que su situación cambiará por arte de magia, que un día milagrosamente su vida será perfecta. Pero esto nunca llegará, si no actúa.

Teme incluso pensar en el problema y puede quedar verdaderamente paralizada de terror al imaginar qué sería capaz de hacerle su pareja si se llegara a enterar de algún plan de huida.

Cualesquiera que sean sus razones, la mujer se siente atrapada y sin salida... Pero ¡no es así! Existe mucha ayuda disponible. El bienestar de las mujeres no es problema de ella sola: es problema de todos. ¡Hay que buscar ayuda! La mujer que ha sido víctima de una relación de violencia y abuso merece una vida feliz, sin miedo y llena de libertad.

Se necesita comenzar hoy mismo: existe todo tipo de apoyo para las mujeres, sólo hay que buscarlo. La mayoría de las ciudades tienen grupos de ayuda, en donde pueden recibir asesoría legal; también ofrecen servicios de consejería para la propia mujer y para sus hijos, atención médica, ayuda financiera, programas de empleo y, en ocasiones, hasta vivienda. Hay un directorio en el anexo de este libro, en la página 219.

Terapia psicológica, ¿una solución mágica?

Se ha comentado con anterioridad que hay varias etapas en el ciclo del abuso; con frecuencia los abusadores cuando ven las consecuencias de sus actos prometerán cambiar y dirán que jamás volverá a suceder, algunos incluso prometerán acudir a terapia psicológica, otros son enviados a ella directamente, por orden de un juez.

Es bien sabido que un factor que todos los abusadores tienen en común es que presenciaron o vivieron en carne propia abuso durante su infancia, y por más empatía que pueda experimentar una mujer con los traumas anteriores de su pareja, debe aprender que ella no tiene por qué sufrir las consecuencias de vivencias que no son suyas.

No existe una solución mágica. Hay que recordar que el abuso no es más que el deseo de control. Prometer cambiar o decir que ya ha cambiado después de haber ido a un par de sesiones de terapia profesional pudiera ser una más de las tácticas del abusador para lograr el control de su pareja. Es necesario usar el sentido común y evaluar si el cambio que está haciendo la pareja es real, voluntario y sobre todo consistente. Diferentes psicólogos afirman que las cifras estadísticas de un cambio real y duradero son muy bajas, probablemente sólo uno de cada 10 casos lo logra.

Terapia para la mujer y los hijos

- Ya sea individual o de grupo, la mujer deberá acudir a terapia para determinar por qué ha tolerado una actitud abusiva; para trabajar en elevar su autoestima; para disminuir su ansiedad y encontrar de nuevo sus propios sueños y pasiones. La terapia de grupo también beneficia a la mujer para volver a sentir el apoyo de la comunidad y para darse cuenta de que no está sola. Además, al escuchar otras historias, las mujeres se apoyan unas a otras y encuentran inspiración para poder llevar una vida mejor.

- Es crucial que los hijos también asistan a terapia lo antes posible, pues los niños tienden a internalizar sus problemas y preocupaciones. Ellos encontrarán alivio en la terapia y les beneficiará grandemente sentirse escuchados y comprendidos.

• Este libro no pretende ser pesimista pero sí *realista*. Los psicólogos saben que trabajar con parejas en donde la violencia doméstica está presente no es nada fácil; la pareja puede presentar mejoría, pero la eliminación total del abuso es difícil, aunque no imposible. Para mí, como autora del libro, lo más importante es que la mujer y sus hijos sean atendidos por especialistas, que hablen del tema y no permitan este tipo de trato ni un minuto más.

La tecnología como ayuda

Si hasta hace unos cuantos años la tecnología pudo haber sido usada para acechar y acosar a la mujer, es tiempo que ella la use para beneficio de sí misma y busque ayuda por línea. La mujer debe educarse y encontrar la salida adecuada para que pueda llevar una vida sin miedo, estrés y dolor y comenzar el camino hacia la paz, amor y tranquilidad que merece.

Al buscar ayuda por línea, hay que recordar que es indispensable usar una computadora "segura", de preferencia utilizar la de una librería, de un café-internet o de algún familiar, a la cual el abusador no tenga acceso para que no pueda ver que ella está buscando ayuda.

Secuelas y cicatrices

Se supone que después del divorcio, viviendo posiblemente un período de calma alejada de la destructiva relación que mantuvo a la mujer atada durante muchos años, y tal vez hasta estando ya con una nueva pareja, se borrará de un plumazo todo lo que se ha vivido al lado de una pareja abusiva.

No sucede así la mayoría de las veces. Y, a pesar del tiempo transcurrido, la mujer sigue luchando contra secuelas que le hacen daño. Las cicatrices de sentirse asediada quedan marcadas por mucho tiempo; continúan las pesadillas en las que ella misma se ve dándole explicaciones a la ex pareja, en las que vuelven a aparecer las persecuciones, los gritos y los insultos y, al despertar, se siente la misma agitación que antes, cuando esas experiencias se vivían en realidad. Por eso se dice que las secuelas del acecho y del abuso son más graves de lo que parecen.

Finalmente se llega a la conclusión de que ella es la única que tiene que cambiar externa e internamente. Ya ha hecho muchos avances externos: un cambio de casa, ha tramitado el divorcio, o cuando menos está en proceso legal, tal vez tenga un nuevo trabajo... Sin embargo, internamente ella sigue atada. Es necesario que se libere de esas amarras. Tiene que ser capaz de soltarlas, ella sola o con la ayuda de alguien.

Entonces, ¿es posible el cambio?

La respuesta es sí, siempre y cuando la persona tenga un deseo genuino de hacerlo y esté dispuesta a someterse a una terapia completa que puede tomar varios años y mucha fuerza de voluntad.

Los especialistas sugieren que la terapia sea individual y, por ningún motivo, que sea terapia de pareja, ya que en las relaciones donde hay abuso presente no existe una comunicación abierta, y el intento de comunicación abierta durante la terapia de pareja puede poner en riesgo el bienestar y hasta la vida de la víctima.

Cuando alguien que conoces está siendo abusada

Es probable que se llegue a conocer a alguna mujer que está siendo acechada, acosada o abusada y no se sabe cómo entablar una conversación acerca del tema. En esos casos, es conveniente:

- Invitarla a hablar en algún sitio tranquilo, donde ella se sienta segura.
- Escuchar a la víctima sin interrumpirla con el relato de casos similares o acosarla con preguntas. Ella dirá lo que considere conveniente, si no se siente presionada.
- Mostrar simpatía por su caso y asegurarle que puede buscar apoyo de diferentes maneras.
- Nunca hay que culpar a la mujer por el problema que está viviendo.
- Como cada caso es diferente, es preferible que la víctima tome sus propias decisiones. Nuestra ayuda consiste en mostrarle opciones en las que, tal vez, ella no haya pensado o a las que no sabe cómo acercarse.
- Es conveniente orientarla para que encuentre a algún profesional o a alguien experimentado que pueda darle otro punto de vista.
- Indispensable: ayudarla a tomar medidas que garanticen su seguridad y la de sus hijos.

Efecto de la violencia familiar en los hijos

Se ha hablado en este libro principalmente de la violencia doméstica en las mujeres, pero poco se ha hablado de lo que considero la razón más importante para detener esta conducta: los hijos.

Por más que, como madres, se quiera proteger a los hijos, desafortunadamente en un hogar en donde la violencia doméstica está presente *ellos* son los más débiles y vulnerables. Esos niños son testigos, porque ven la violencia, la escuchan, la sienten presente en su hogar y, por desgracia, hay ocasiones en que ellos mismos son abusados también.

A estos niños se les está negando la seguridad que merecen y su vida está siendo impactada de una forma muy negativa.

Es bien sabido, y está documentado, que los niños, testigos o víctimas de violencia, son más susceptibles a convertirse en abusadores o en víctimas en sus relaciones futuras. Los efectos secundarios y negativos son cicatrices que difícilmente se borran. Además, crecen creyendo que este patrón de conducta es aceptable; aprenden desde muy corta edad que la violencia se puede utilizar para dominar a otros o, incluso, aceptando ser tratados de una forma abusiva. Es por eso que la atención profesional es crucial para ellos.

Los hijos de víctimas de violencia doméstica pueden llegar a presentar síntomas a corto plazo como:

- Cambio de personalidad
- Miedo
- Ansiedad
- Inseguridad
- Vulnerabilidad
- Frustración
- Vergüenza
- Desesperanza
- Agresión
- Depresión
- Culpabilidad

- Conducta autodestructiva
- Insomnio
- Pesadillas
- Estar a la defensiva, esperando el siguiente episodio violento
- Preocupados por su mamá y hermanos
- Mojar la cama
- Presentar dolor de estómago, de cabeza o padeci-mientos psicosomáticos

Con aparente normalidad pero con un sufrimiento interior muy doloroso, estos niños siempre están en busca de atención debido, tal vez, a una posible negligencia de los padres que están muy ocupados con sus propios problemas: la madre tratando de prevenir el próximo ataque y el padre distraído tratando de controlar todo a su alrededor. También pueden reclamar atención para intentar distraer a sus padres y evitar más pleitos o discusiones.

Se cree que un pronóstico bastante confiable para saber si un niño estará involucrado en el uso de drogas, alcohol y delincuencia es el hecho de haber vivido en una familia con violencia doméstica.

Los hijos necesitan un hogar seguro, con amor y com-prensión, donde se les tome en cuenta, donde sus necesidades básicas estén cubiertas, donde sean escuchados con atención, tengan una rutina consistente y sepan con cierta seguridad qué esperar cada día. En fin, un hogar donde haya estabilidad emo-cional y donde, en pocas palabras, tengan padres amorosos que los protejan y que estén presentes.

Es necesario platicar con los hijos, darles esperanza de que la situación va a cambiar y, sobre todo, hacer realmente los cambios. Ponerles atención y tener la fuerza necesaria para proveerles de paz, amor y tranquilidad. Si una mujer no lo ha hecho aún por ella misma, ¡debe hacerlo por sus hijos! ❣

Sobre el abusador

Para que funcione la terapia, el abusador necesita:

- Someterse a terapia individual o de grupo por su propia voluntad y no porque está siendo obligado por la pareja o por la corte.
- Asumir al 100 por ciento la responsabilidad y no tratar de "compartirla" con la mujer.
- Hacerse responsable de su conducta abusiva, sin excusas, ni tratando de desviar la atención hacia su pareja.
- Trabajar en terapia los propios traumas, desde la infancia, y esto no se resuelve en dos o tres sesiones, sino que es un proceso de meses o hasta años en algunos casos.
- Respetar a la pareja y prometer nunca volverla abusar física, emocional, sexual ni económicamente.

Plan de seguridad para ellos, los abusadores

En caso de que ellos, los abusadores en una relación, hayan accedido a asistir a algún tipo de terapia, en el transcurso de ella es conveniente que también tengan un plan de seguridad para evitar recaídas, que incluye:

- Hacer una lista de las cosas que lo provocan y despiertan un malestar en él y un plan de actividades en las que se distraerá si esto sucede.

- Tener un "compañero" de apoyo, con el que pueda hablar cuando sienta que empieza a perder el control.
- Hacer un contrato en el cual promete no utilizar violencia de ningún tipo.
- Iniciar actividades que ayuden a relajarlo y distraerlo, dedicándose tiempo a él. ❧

Para recordar

- El acecho, el acoso y el abuso son impredecibles.
- No hay dos casos iguales. Cada caso es diferente. No hay que pensar que lo que resultó bien para una amiga puede funcionar con otra mujer.
- Ninguna medida de seguridad puede funcionar en todos los casos.
- Es conveniente tener a mano una lista de refugios o sitios a los cuales poder acudir en caso necesario. Y anotar al lado de cada uno la manera más fácil de llegar a ellos, de día o de noche.
- En caso de extremo peligro, llame a la policía.
- Hay que considerar que los instintos son confiables: si la víctima "siente" que está en peligro, es posible que en realidad corra peligro. Deberá tomar medidas para protegerse.
- No deben minimizarse las amenazas. Cuando llegan a casos extremos, la víctima puede resultar muerta o herida seriamente.
- De ser posible, obtenga una orden judicial de alejamiento.
- Busque e intégrese a un Grupo de Apoyo para Mujeres Víctimas de Acecho, Acoso o Abuso. Haga una lista de los que estén cerca de su casa, anotando teléfonos y horarios.

- Asista a una sesión de varios grupos para que pueda decidir en cuál de ellos se siente mejor.
- En caso necesario, piense en la posibilidad de formar su propio grupo de apoyo. Una mujer que ha sido abusada lo puede iniciar. El problema de abuso es mucho más frecuente de lo que una se imagina.
- Simplemente hablar de este tema alivia mucho. Una sola mujer, si se lo propone, puede empezar perfectamente un grupo de apoyo con dos o tres mujeres y, si lo creen conveniente, pueden contratar los servicios de un profesional para que conduzca las sesiones. ❣

Conclusiones

Cuando la mujer está atrapada en una relación abusiva piensa que todos los hombres son iguales o que los hombres "buenos" ya están comprometidos con alguien más, pero no es así. Ella no se siente capaz de conseguir alguno de éstos. No merece nada bueno, pues su propia estima se encuentra muy lastimada.

Por eso, es muy importante que antes de salir a buscar otra relación trabaje en la relación consigo misma. Después de haber salido de una relación abusiva, la mujer necesita un tiempo para asimilar todo lo que dejó atrás y para "reconectarse" consigo misma y con todas las necesidades que seguramente había hecho a un lado durante mucho tiempo. A la vez que aprende a distinguir cuáles fueron las actitudes abusivas que se presentaron en su relación anterior y a hacer con ella misma el compromiso de no permitirlas de nuevo, en esta etapa la mujer debe reencontrar y descubrir cuáles son sus anhelos, sueños y deseos más profundos.

También la terapia ayudará a descubrir y sanar cuáles son las heridas de la infancia que tal vez estén aún sin resolver, para que pueda salir adelante y comenzar el tipo de vida que por mucho tiempo seguramente ha estado imaginando: una vida sin temor, sin dolor, con profunda paz y felicidad.

Es necesario dejar atrás el papel de víctima y tomar en cuenta todo el valor, la fuerza y energía que puso una mujer en retomar su vida e independencia. Debe sentirse una verdadera sobreviviente.

Una vez que haya salido de una relación dolorosa, podrá sentirse más fuerte que nunca al reconocer el valor que tiene ella misma por haber terminado esa mala relación. Seguramente no fue fácil, pero a fin de cuentas lo ha logrado.

Algunos consejos nos invitan a empezar de nuevo. Nos dicen que es necesario:

- Dejar atrás el papel de víctima y convertirse en la heroína del cuento.
- Olvidarse del pasado: no distraer la mente con la nostalgia.
- Alejarse del abusador; de ser posible, cortar toda comunicación. Él buscará la forma de seguir controlando a su pareja, aun después de la separación.
- Rodearse de personas positivas.
- Reconectarse con amistades y familiares.
- Respetarse a sí misma. No permitirse pensamientos negativos.
- Hacer una lista de las cosas que disfruta hacer. Revisarla periódicamente como recordatorio y motivación.
- Buscar la independencia económica y no perderla nunca.

Una vez que la mujer se sienta preparada para comenzar una nueva relación podrá utilizar todas las experiencias vividas como lecciones y seguirá sus instintos, que pocas veces fallan. Deberá mantenerse alerta a los focos rojos y no los minimizará por la emoción de un nuevo amor. También deberá tener en cuenta que, debido a lo sucedido en el pasado, hay que tener cuidado en no sabotear la nueva relación viendo "moros con tranchetes". Pero sí es conveniente que se dé un tiempo, evitando comprometerse de inmediato.

Por medio de estas páginas espero, de todo corazón, que muchas mujeres que han sufrido algún tipo de abuso, puedan aliviar las heridas que les dejó esa relación y que sean capaces de formar relaciones nuevas saludables. ❣

Apéndice

Algunos sitios donde se puede conseguir ayuda:

Facebook: Privacidad y seguridad, de la Red Nacional para Terminar con la Violencia Doméstica

Los Programas de Confidencialidad de Dirección se crearon para proteger a las víctimas de acoso, violencia doméstica, asalto sexual y otros delitos de los delincuentes que utilizan registros públicos, como votantes o los registros de licencias de conducir, para localizarlos. https://www.victimsofcrime.org/

Manual para víctimas de Emily Spence-Diehl
Este manual proporciona a las víctimas de acecho recursos, opciones de elección, consejos de seguridad e información; está diseñado para ayudar a las víctimas a recuperar el control sobre sus vidas. También se presentan casos penales y civiles contra el acosador, el uso de las órdenes de alejamiento y los derechos de las víctimas.

Cómo iniciar y facilitar un Grupo de Apoyo para las Víctimas de Acecho es una guía para los proveedores de servicios a las víctimas, voluntarios y otros miembros de la comunidad interesados en saber cómo iniciar y ejecutar un grupo de apoyo en su agencia o comunidad. La guía incluye información sobre el diseño de un grupo de apoyo para las víctimas de acoso, las recomendaciones para la pertenencia a grupos, consejos para los facilitadores, un plan de estudios de la muestra, y mucho más.

Privacidad y Planificación de Seguridad con Sobrevivientes. Consejos de Reubicación (NNEDV) http://nnedv.org/
Este folleto proporciona varios consejos importantes para los sobrevivientes cuando se planea buscarles un sitio durante el proceso mínimo de reubicación o en la planificación de la vida privada, después de estar en un nuevo hogar.

Directorio de algunos centros de apoyo

MÉXICO[3]

- Locatel Atención a la Mujer: 01 800 2630070 y (55) 56581111
- Red Nacional de Refugios A.C.: (55) 56749695, (55) 52436432
- Lada Nacional Gratuita: 018008224460
- http://www.hotpeachpages.net/camerica/index.html#Mexico
- E-mail: renarac@rednacionalderefugios.org.mx

Líneas de ayuda gubernamentales:

AGUASCALIENTES

Centro de Atención y Prevención Integral para la Violencia:
01 800 83568537

BAJA CALIFORNIA

Instituto de la Mujer para el Estado de Baja California
Mexicali: 01 686 5586364 - 5575495
Tijuana: 01 664 60808 - 084044

BAJA CALIFORNIA SUR

Instituto Sudcaliforniano de la Mujer: 52 612 122 2945

CAMPECHE

Instituto de la Mujer del Estado de Campeche: 52 981 811 2656

CHIAPAS

Secretaría para el Desarrollo y Empoderamiento de las Mujeres en el Estado de Chiapas (SEDEM): 01 800 4668537

- - - - - - - - - - - - - - - - - -

3   Información obtenida en: http://www.Rednacionalderefugios.Org.Mx/lineas-de-ayuda.Html

CHIHUAHUA

Centro de Justicia para las Mujeres: 01 800 8321 332

COAHUILA

Secretaría de las Mujeres del Estado de Coahuila:

01 844 698 10 80

COLIMA

Instituto Colimense de las Mujeres: 01 800 836 40 77

DISTRITO FEDERAL

Locatel Atención a la Mujer: 56581111

Secretaría de Gobernación-CONAVIM: 01 800 422 5256

DURANGO

Instituto de la Mujer Duranguense: 01 618 8255 794

ESTADO DE MÉXICO

Consejo Estatal de la Mujer y Bienestar Social del Estado

de México: 01 800 1084053

GUANAJUATO

DIF: 01 800 6853737

Secretaría de Salud de Guanajuato: 01 800 2900 024

GUERRERO

Centro de Atención a Víctimas de Violencia: 01 747 4719892,

4719225, 4719874, 4719884, 4719965

HIDALGO

Instituto Hidalguense de las Mujeres: 01 800 5022221

JALISCO

Instituto Jalisciense de las Mujeres: 01(333) 6583167

y 01 800 0876665

MICHOACÁN

Secretaría de la Mujer del Estado de Michoacán:

01 443 3177900 al 03, 214648, 1136700

MORELOS

Instituto de la Mujer para el Estado de Morelos: 01 800 9111 515

NAYARIT

Centro de Justicia Familiar Gobierno del Estado de Nayarit:

01 800 8377 747

NUEVO LEÓN

Instituto Estatal de las Mujeres de Nuevo León:01 800 003784323

OAXACA

Instituto de la Mujer Oaxaqueña: 01 800 8317656

PUEBLA

Instituto Poblano de las Mujeres: 01 800 6242330 - 01 222 2323738

QUERÉTARO

Instituto Queretano de la Mujer: 01 442 2164757

QUINTANA ROO

Centro Integral de Atención a la Mujer en el Municipio de

Felipe Carrillo Puerto: 01 983 8340207

Cancún: Centro Integral de Atención a las Mujeres CIAM:

01 998 8848124 - 8980755

SAN LUIS POTOSÍ

Instituto de las Mujeres del Estado de San Luis Potosí:

01 800 6721 433

SINALOA

Instituto Sinaloense de las Mujeres: 01 800 966 3866

SONORA

Instituto Sonorense de la Mujer: 01 800 8321 014

TABASCO

Instituto Estatal de las Mujeres de Tabasco:

01 800 7168 537

VERACRUZ

Instituto Veracruzano de las Mujeres: 01 800 9068537

YUCATÁN
Instituto para la Equidad de Género en Yucatán: 01 800 6677 787
ZACATECAS
Centro de Atención de la Violencia Familiar en el Estado de Zacatecas: 01 800 8300 308

ESTADOS UNIDOS

National Domestic Violence Hotline: 1-800-799-7233 (SAFE).
http://www.victimsofcrime.org/our-programs/stalking-resource-center/help-for-victims
http://www.uscis.gov/sites/default/files/USCIS-ES/Recursos%20%28Resources%29/Vawa_redesign_Spanish.pdf
http://www.hhsc.state.tx.us/Help/family-violence/centers.shtml#FVS
Family Violence Program: 1-800-799-SAFE (7233)
TDD 1-800-787-3224
www.ndvh.org

Centros que proveen vivienda temporal y servicios de apoyo (Shelters)
Abilene, Noah Project, Inc.: (325) 676-7107, (800) 444-3551
Alpine,Family Crisis Center of the Big Bend, Inc.: (432) 837-7254, (800) 834-0654
Amarillo, Family Support Services of Amarillo, Inc.: (806) 342-2500, (800) 749-9026
Angleton, Women's Center of Brazoria County, Inc.: (979) 849-9553, (800) 243-5788
Austin, SafePlace: (512) 267-7233, (512) 267-7233
Bastrop, Family Crisis Center: (512) 321-7760, (888) 311-7755

Bay City, The Crisis Center: (979) 245-9109, (979) 245-9299

Beaumont, Family Services of Southeast Texas, Inc.:
(409) 833-2668, (800) 621-8882

Borger, Hutchinson County Crisis Center, Inc.:
(806) 677-1701, (806) 273-2313

Bridgeport, Wise Hope Shelter and Crisis Center:
(940) 626-4585, (940) 626-4855

Brownsville, Friendship of Women, Inc.: (956) 544-7412.
(956) 544-7412

Brownwood, The ARK: (325) 643-2699, (888) 313-2699

Bryan, Twin City Mission: (979) 822-7511, (979) 775-5355

Carrizo Springs, Wintergarden Women's Shelter, Inc.:
(830) 876-9656, (800) 363-9441

Cleburne, Johnson County Family Crisis Center:
(817) 558-7171, (800) 848-3206

Corpus Christi, Women's Shelter of South Texas:
(361) 884-2900, (361) 881-8888

Dallas, The Family Place: (214) 559-2170, (214) 941-1991

Dallas, The Salvation Army. Carr P. Collins Social Service Center:
(214) 424-7050, (214) 424-7200

Denton, Denton County Friends of the Family, Inc.:
(940) 387-5131, (800) 572-4031

Dumas, Safe Place, Inc.: (806) 935-7585, (806) 935-2828

El Paso, Center Against Family Violence, Inc.: (915) 593-1000,
(915) 593-7300

Fort Worth, SafeHaven of Tarrant County: (817) 535-6462,
(877) 701-7233

Galveston, Resource & Crisis Center of Galveston County, Inc.:
(409) 763-1441- (409) 765-7233

Garland, New Beginning Center, Inc.: (972) 276-0423,
(972) 276-0057
Granbury, Mission Granbury, Inc.: (817) 579-6866,
(817) 579-6848
Grand Prairie, Brighter Tomorrows, Inc.: (972) 263-0506,
(972) 262-8383
Greenville, Women in Need, Inc.: (903) 455-4612,
(903) 454-4357
Harlingen, Family Crisis Center, Inc.: (956) 423-9304,
(956) 423-9304
Hempstead, Focusing Families:(979) 826-3290,
(979) 826-0000
Hondo, Southwest Family Life Centers, Inc.: (830) 426-5972,
(830) 426-5131
Houston, Houston Area Women's Center, Inc.: (713) 528-6798,
(713) 528-2121
Humble, Family Time Crisis and Counseling Center:
(281) 446-2615, (281) 446-2615
Huntsville, Walker County Family Violence Council-SAFE
House: (936) 291-3529, (936) 291-3369
Jacksonville, Crisis Center of Anderson & Cherokee Counties,
Inc.: (903) 586-9118, (800) 232-8519
Kerrville, Hill Country CARES, Inc.: (830) 257-7088,
(830) 257-2400
Killeen, Families in Crisis, Inc.: (254) 634-1184, (254) 634-8309
Laredo, Casa de Misericordia: (956) 712-9590, (800) 782-2722
Longview, Women's Center of East Texas, Inc.: (903) 295-7846,
(800) 441-5555
Lubbock, Women's Protective Services of Lubbock, Inc.:
(806) 748-5292, (806) 747-6491

Lufkin, Janelle Grum Family Crisis Center of East Texas:
   (936) 639-1681, (800) 828-7233
Marble Falls, Highland Lakes Family Crisis Center:
   (830) 693-3656, (830) 693-5600
McAllen, Women Together Foundation, Inc.: (956) 630-4878,
   (800) 580-4879
Midland, Safe Place of the Permian Basin, Inc.: (432) 522-7202,
   (432) 570-1465
Mineral Wells, Hope, Inc.: (940) 325-1306, (940) 325-1306
Mt. Pleasant, Shelter Agencies for Families in East Texas
   (SAFE-T): (903) 572-0973, (903) 575-9999
New Braunfels, Crisis Center of Comal County: (830) 620-7520,
   (830) 620-4357
Odessa, The Crisis Center: (432) 333-2527, (800) 627-4747
Pampa, Tralee Crisis Center for Women, Inc.: (806) 669-1131,
   (806) 669-1788
Pasadena, The Bridge Over Troubled Waters, Inc.:
   (713) 472-0753, (713) 473-2801
Perryton, Panhandle Crisis Center, Inc.: (806) 435-5008,
   (800) 753-5308
Plainview, Crisis Center of the Plains: (806) 293-9772,
   (806) 293-7273
Plano, Hope's Door: (972) 422-2911, (972) 422-7233
Richmond, Fort Bend County Women's Center: (281) 344-5750,
   (281) 342-4357
Round Rock, Hope Alliance: (512) 255-1212, (800) 460-7233
San Angelo, ICD Bridges, Inc.: (325) 658-8631, (800) 749-8631
San Antonio, Family Violence Prevention Services, Inc.:
   (210) 930-3669, (210) 733-8810

San Marcos, Hays-Caldwell Women's Center: (512) 396-3404:
   (800)700-4292

Seguin, Guadalupe Valley Family Violence Shelter, Inc.:
   (830) 372-2780, (800) 834-2033

Sherman, Crisis Center: (903) 893-3909, (800) 893-5615

Snyder, Gateway Family Services: (325) 573-4351, (325) 578-8054

Texarkana, Domestic Violence Prevention, Inc.:
   (903) 794-4000, (800) 876-4808

The Woodlands, Montgomery County Women's Center:
   (281) 292-4155, (936) 441-7273

Tyler, East Texas Crisis Center, Inc.: (903) 579-2526,
   (800) 595-5591

Victoria, Mid-Coast Family Services, Inc.: (361) 575-7842,
   (800) 870-0368

Waco, Family Abuse Center, Inc.: (254) 772-8999,
   (800) 283-8401

Weatherford, Freedom House: (817) 596-7543, (817) 596-8922

Webster, Bay Area Turning Point, Inc.: (281) 338-7600,
   (281) 286-2525

Wichita Falls, First Step, Inc.: (940) 723-7799, (800) 658-2683

Agradecimientos

A Lupita Jones, por haberme permitido realizar uno de mis más grandes anhelos: representar a mi país en el Concurso de Miss Universo, y por mostrarme, con su ejemplo, que la belleza no es el único ni el más importante atributo de una mujer.

A mi querida amiga Ericka Garza, por estar a mi lado en todo momento, iluminando mi camino con su luz.

A la doctora Lorena Lorraine Lazcano, por su asesoría en este libro y por su trabajo en el grupo "Mente y Alma Latina", donde ha podido ayudar a muchas mujeres hispanas en Estados Unidos, víctimas de violencia doméstica.

A Mario César Ramírez, por ser un gran mentor en mi vida, mostrándome que las personas se cruzan en nuestros caminos por alguna razón y que de esos encuentros se obtienen grandes resultados. Este libro es uno de ellos.

A Marcela, por compartirme su historia, y a todas las mujeres que como ella y yo hemos padecido abuso y maltrato.

Y mi amor y mi gratitud por siempre:

A mis hijos, Roger y Natalia, quienes son y serán eternamente el mayor tesoro de mi vida.

A mis padres, que unieron sus vidas a temprana edad y con distintos ideales, pero con un inmenso amor que se hizo fuerte a través de los años.

A Pablo Villarreal, por haber llegado a mi vida y mostrarme con hechos lo que significa el amor verdadero, dándome siempre su apoyo para realizar mis sueños y ayudándome a mostrar a mis hijos, con el ejemplo, lo que el amor y el respeto representan en la pareja.